Nawel Haddadou

# Résolution approchée des problèmes de découpe et de placement

Nawel Haddadou

# Résolution approchée des problèmes de découpe et de placement

## Résolution séquentielle et parallèle

Presses Académiques Francophones

**Impressum / Mentions légales**
Bibliografische Information der Deutschen Nationalbibliothek: Die Deutsche Nationalbibliothek verzeichnet diese Publikation in der Deutschen Nationalbibliografie; detaillierte bibliografische Daten sind im Internet über http://dnb.d-nb.de abrufbar.

Information bibliographique publiée par la Deutsche Nationalbibliothek: La Deutsche Nationalbibliothek inscrit cette publication à la Deutsche Nationalbibliografie; des données bibliographiques détaillées sont disponibles sur internet à l'adresse http://dnb.d-nb.de.

Coverbild / Photo de couverture: www.ingimage.com

Verlag / Editeur:
Presses Académiques Francophones
ist ein Imprint der / est une marque déposée de
AV Akademikerverlag GmbH & Co. KG
Heinrich-Böcking-Str. 6-8, 66121 Saarbrücken, Deutschland / Allemagne
Email: info@presses-academiques.com

Herstellung: siehe letzte Seite /
Impression: voir la dernière page
**ISBN: 978-3-8381-7704-5**

UNIVERSITÉ
de Picardie
Jules Verne

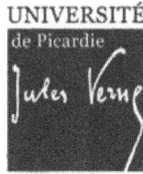

# Thèse de Doctorat

Spécialité

INFORMATIQUE

# Université de Picardie Jules Verne

Par

Nawel HADDADOU

Pour obtenir le grade de

Docteur de l'université de Picardie Jules Verne

Contribution à la résolution parallèle et séquentielle
des problèmes combinatoires : découpe et placement

### Jury :

| Didier EL BAZ | Chargé de recherche (HDR) Laas Toulouse | (Rapporteur) |
| Imed KACEM | Professeur - Metz | (Rapporteur) |
| Alain COURNIER | Professeur, UPJV | (Examinateur) |
| Michaël KRAJECKI | Professeur, Reims | (Examinateur) |
| Myriam SAHNOUNE | Maître de Conférences, Metz | (Examinateur) |
| Mhand HIFI | Professeur, UPJV | (Directeur de thèse) |
| Toufik SAADI | Maître de Conférences, UPJV | (Co-directeur de thèse) |

*À ALLAH le tout puissant, le tout miséricordieux, le très miséricordieux*

*À la mémoire de mon chère père Kamel qui n'a cessé d'inculquer en moi l'art de bien faire et celui de ne jamais laisser tomber devant une difficulté. Je lui dois cette réussite.*

*À ma chère mère Ourdia, qui a toujours été là pour moi et qui m'a donné un magnifique modèle de persévérance. J'espère que mes parents trouveront dans ce travail toute ma reconnaissance et tout mon amour.*

*À mon tendre mari Abdelkrim, son amour, sa patience et ces encouragements m'ont aidé à surmonter toutes les difficultés rencontrées dans les moments difficiles.*

*À mes très chères frères Said kamel et Mouhamed samir.*

*À mon adorable sœur Lila et son fiancé Nassim.*

*À mes beaux parents, à ma belle soeur Radia et à mon beau frère Fouad.*

# Remerciements

Mes plus vifs remerciements s'adressent à mes directeurs de thèse Mhand Hifi et Saadi Toufik, pour avoir dirigé et encadré mon travail. Je les remercie pour leur disponibilité, leurs soutien tout au long de ces années de préparation de mon projet de thèse.

Je remercie également Messieurs Didier El Baz et Imed Kacem qui m'ont fait l'honneur de rapporter ce travail. Leurs remarques ont contribué à améliorer la qualité de ce manuscrit.

Je remercie également Monsieur Michaël Krajechi pour avoir accepté de présider ce jury et pour l'intérêt qu'il porte à ce travail.

J'exprime ma gratitude à Monsieur Alain Cournier et Madame Myriam Sahnoune pour avoir accepté de participer à ce jury de thèse en tant qu'examinateurs.

Je remercie également mes amies Nawel, Samira, Lamia, Nora, Yamna, Nadia et Charlotte pour leurs aides et leurs présence.

Les années de ma thèse ne sauraient être dissociées des enseignements que j'ai assurés à l'université Paris Sorbonne, en tant que vacataire, puis en tant qu'ATER à l'institut Galilée. Je remercie les différents enseignants avec qui j'ai travaillé ainsi que l'ensemble de mes étudiants. Assurer des travaux dirigés en Informatique et en recherche opérationnelle ont été, pour moi, de véritables respirations à côté de la recherche ainsi que des moments de bonheur.

# Résumé

Dans cette thèse, nous nous intéressons au problème de découpe à deux dimensions et au problème de placement en trois dimensions. Ils interviennent essentiellement dans l'industrie et le transport. Nous proposons de nouvelles heuristiques parallèles et séquentielles approchées. Dans un premier temps, nous proposons une heuristique séquentielle en se basant sur une procédure de génération de bandes et une technique de recherche par faisceau. Ensuite, nous abordons une méthode de recherche basée sur l'algorithme de branch and bound et une procédure de construction de piles. Ces méthodes sont ensuite hybridées afin de résoudre le problème de découpe à deux dimensions et à deux niveaux. Dans un deuxième temps, nous nous basons sur la résolution parallèle approchée du problème de découpe. Nous proposons une méthode parallèle pair à pair. Dans un dernier temps, nous nous intéressons au problème de placement en trois dimensions, nous présentons une méthode séquentielle approchée et des méthodes parallèles approchées afin de le résoudre. Les approches heuristiques et parallèles que nous proposons sont comparées à d'autres heuristiques de la littérature. L'ensemble de ces tests numériques ont été menés sur des instances ardues de la littérature ainsi que sur des instances générées aléatoirement.

# Abstract

In this thesis, we focus on the cutting stock problem and container loading problem. They arise mainly in industry and transportation. We propose new serial and parallel approximate heuristics. Initially, we propose a sequential heuristic based on a procedure for generating strips and a beam search technique. Next, we discuss a method based on branch and bound algorithm and a procedure for construction by stacks. These methods are then hybridized to solve the cutting stock problem. In a second time, we rely on the parallel methods to solve the cutting problem. We propose a parallel peer to peer method. Finally, we address the container loading problem, we present an approximate sequential method and a parallel methods to solve the problem. The proposed methods are compared to the results provided by other algorithms of the literature. They are analyzed computationally on a set of hard instances of the literature and on a group of random generated instances with large size.

# Keywords :

Combinatorial optimization, Cutting stock problem, Container loading problem, Hybrid methods, Beam search, Parallel computing.

# Table des matières

# CHAPITRE 1

# Introduction générale

L'optimisation combinatoire occupe un spectre très important en informatique et en recherche opérationnelle. Son importance se justifie par de nombreuses applications pratiques (industrielles, économiques, commerciales,...etc) pouvant être décrites sous la forme d'un problème d'optimisation combinatoire [12]. Les problèmes d'optimisation combinatoire sont souvent faciles à définir, mais généralement difficiles à résoudre. En effet, la plupart de ces problèmes appartiennent à la classe des problèmes NP-difficiles [14].

Afin de résoudre ce type de problèmes, de nombreuses méthodes ont été développées en recherche opérationnelle (RO). Ces méthodes peuvent être classées en deux grandes catégories : les méthodes exactes et les méthodes approchées. Le principe général d'une méthode exacte consiste à énumérer de manière implicite, l'ensemble des solutions de l'espace de recherche. Parmi les méthodes exactes, on trouve les techniques de séparation et évaluation progressive (SEP) ou les algorithmes avec retour arrière. Ces méthodes fournissent des solutions optimales pour des problèmes de taille raisonnable, cependant, elles rencontrent généralement des difficultés face aux problèmes de grande taille. Les méthodes approchées constituent une alternative très intéressante pour traiter les problèmes d'optimisation de grande taille si l'optimalité n'est pas primordiale. Parmi ces méthodes, nous trouvons les méthodes gloutonnes, les heuristiques et les méta-heuristiques.
Il existe également des algorithmes hybrides qui combinent différentes méthodes ayant des comportements complémentaires. Ces méthodes représentent un outil très puissant pour résoudre les problèmes combinatoires [24].

En pratique, la complexité temporelle et spatiale est exponentielle à la taille des problèmes à traiter, lorsque la taille est très grande, les méthodes de résolution citées précédemment deviennent inexploitables, car le temps de résolution s'avère exorbitant. Une approche parallèle s'avère un moyen indispensable pour résoudre ce type de problèmes d'optimisation. Le calcul parallèle consiste en un ensemble de techniques logicielles et matérielles permettant l'exécution simultanée d'une séquence de tâches indépendantes sur des processeurs différents. Son objectif est de gagner en temps de résolution, ceci en distribuant le travail en tâches de taille plus petites et d'améliorer la qualité des solutions obtenues.

Dans cette thèse, nous nous intéressons à la conception des algorithmes approchés séquentiels et parallèles pour la résolution de deux problèmes d'optimisation combinatoire : le problème de découpe guillotine à deux dimensions et à deux niveaux, puis le problème de placement en trois dimensions. Ces problèmes sont utilisés dans différentes applications : industrie, placement de circuits électroniques, logistique et transport,...etc. Notre objectif est de proposer des méthodes de résolution permettant de fournir une bonne solution en un temps de calcul raisonnable.

Dans cette thèse, nous abordons trois problématiques. La première est consacrée à la résolution approchée séquentielle du problème de découpe à deux dimensions. La deuxième problématique s'intéresse à la résolution parallèle pair à pair du problème de découpe à deux dimensions, puis la dernière problématique est consacrée à la résolution du problème de placement en trois dimensions.

## Organisation du manuscrit

Dans le deuxième chapitre, nous présentons quelques problèmes d'optimisation classiques, nous décrivons le problème du sac-à-dos et quelques méthodes pour le résoudre. Puis, nous abordons le problème de chargement du conteneur (nommé aussi, problème de placement en trois dimensions). Enfin, nous définissons le problème de découpe et quelques méthodes de résolution exactes ainsi que des heuristiques.

Le troisième chapitre est consacré au calcul parallèle. Nous présentons quelques architectures parallèles, les paradigmes maître-esclave et pair à pair. Ensuite, nous exposons la notion de granularité de parallélisation et les grilles informatiques. Par la suite, nous présentons quelques formules de calcul d'indices de performance des algorithmes parallèles. Enfin nous citons quelques langages dédiés au calcul parallèle.

Le quatrième chapitre est consacré à la résolution approchée du problème de découpe guillotine à deux dimensions et à deux niveaux. Nous proposons un algorithme hybride, il s'agit d'une combinaison de deux heuristiques "*GLBS*" et "*H-Cut*". D'abord, nous présentons les deux heuristiques utilisées dans la méthode hybride. Puis, nous expliquons la coopération entre ces deux dernières afin de trouver une solution réalisable. Enfin, dans une étude expérimentale, nous présentons les nouvelles instances que nous avons générées pour évaluer les performances de la méthode hybride.

Le cinquième chapitre est dédié à la résolution parallèle pair à pair du problème de découpe guillotine à deux dimensions et à deux niveaux. Ce chapitre a été réalisé dans le cadre du projet ANR-CIP (Calcul Intensif pair à pair) dirigé par monsieur Didier EL BAZ (voir [5]). Il a pour objectif de proposer des outils et environnements pour la mise en œuvre de calculs intensifs sur un type d'architecture généraliste innovant : les réseaux pair à pair. Parmi les outils proposés, nous trouvons l'environnement décentralisé de calcul intensif P2PDC, qui a été conçu et développé par l'équipe CDA du LAAS-CNRS afin de faciliter la mise en œuvre de calculs intensifs sur réseau pair à pair.

Notre contribution pour ce projet est la proposition d'un algorithme parallèle pair à pair permettant de résoudre le problème d'optimisation combinatoire "problème de découpe" en utilisant l'environnement décentralisé P2PDC.

Nous algorithme pair à pair s'appuie sur un processus de résolution basé sur trois mécanismes : une stratégie de recherche par faisceau, une procédure de remplissage par bande et une borne supérieure utilisée afin de réduire l'espace de recherche. Premièrement, nous commençons par expliquer les trois mécanismes précédents. Ensuite, nous présentons les éléments utilisés pour la mise en œuvre de notre algorithme pair à pair. Puis, nous exposons les structures de données et le processus de sauvegarde des solutions réalisables pendant la résolution. Enfin, nous présentons l'environnement parallèle P2PDC. À la fin de ce chapitre, nous évaluons les performances de l'algorithme pair à pair sur des instances de la littérature.

Le sixième chapitre est consacré à la résolution séquentielle et parallèle du problème de placement en trois dimensions. Dans un premier lieu, nous présentons une heuristique séquentielle pour la résolution du problème de placement en trois dimensions. Ensuite, nous exposons deux méthodes parallèles en exploitant les ressources de la plate forme Grid'5000. Enfin, nous terminons par présenter une étude expérimentale afin de montrer l'impact du parallélisme sur la résolution.

Le dernier chapitre est dédié à nos conclusions et perspectives.

# Chapitre 2

# Quelques problèmes d'optimisation combinatoire

## Sommaire

## 2.1  Introduction

Depuis plusieurs années l'étude des problèmes d'optimisation combinatoire n'a cessé de prendre de l'importance et elle est devenue l'une des branches de l'informatique les plus actives. Ce domaine d'activité s'est avéré prolifique tant dans l'introduction de nouveaux concepts que dans la résolution algorithmique d'un grand nombre de problèmes pratiques très complexes.

L'optimisation combinatoire est une partie de la recherche opérationnelle et chaque problème d'optimisation combinatoire est caractérisé par :

Un ensemble fini de solutions réalisables $E$ ainsi qu'une fonction objectif $f : E \longrightarrow R$ associant une valeur à chaque solution réalisable et qui consiste à déterminer la solution $x \in E$ qui minimise ou maximise la fonction objectif $f$.

$$x = argmin\{f(x)/x \in E\}.$$

Dans ce chapitre, nous abordons quelques problèmes d'optimisation classiques, nous présentons le problème de sac-à-dos (noté $KP$) et quelques méthodes pour le résoudre, ainsi que le problème de chargement du conteneur. Enfin, nous définissons le problème de découpe ainsi que quelques méthodes de résolution exactes et heuristiques. Ce dernier problème sera le sujet étudié dans cette thèse.

## 2.2  Knapsack

Dans cette section, nous allons présenter le problème de sac-à-dos. Nous exposons la borne supérieure proposée par Dantzig [27] pour ce dernier ainsi que quelques méthodes pour ça résolution.

Les problèmes de type « knapsack » (sac-à-dos) viennent d'un contexte réel (voir Martello et Toth [67], kellerer et al [39]). Souvent, ils incluent des cas évidents du domaine de transport, la logistique, la télécommunication,...etc. Ils sont particulièrement intéressants, car ils sont difficiles à résoudre, alors que leurs relaxation linéaire est exceptionnellement facile à résoudre.

Le problème du sac-à-dos peut être inclut dans la classe des problèmes NP-complets, ce sont des problèmes qui peuvent être résolus par un algorithme non déterministe en un temps polynomial. Certains problèmes de type sac-à-dos ont été résolus par l'application de décompositions et réductions pertinentes.

Dans la littérature, il existe plusieurs versions du problème de sac-à-dos, nous privilégions dans ce travail la formulation binaire en $0 - 1$ qui est la plus utilisée. On considère un ensemble d'objets étiquetés de 1 à $n$. Chaque objet dispose d'un poids $w_i$ et d'un profit $p_i$, $i = \{, 1.., n\}$. On dispose d'un sac-à-dos dont le contenu ne peut excéder une capacité $W$ entière. On désire le remplir de façon à maximiser la somme des profits des objets, en respectant la contrainte de capacité. Le problème de sac-à-dos peut être formulé comme suit :

Soit une variable binaire $x_i$ , tel que :

$$\begin{cases} x_i = 1 & \text{si l'objet } i \text{ est pris dans le sac-à-dos.} \\ 0 & \text{sinon.} \end{cases}$$

Le problème est formulé comme suit :

$$\begin{cases} Max \sum_{i=1}^{n} x_i p_i \\ \text{s.c} \\ \sum_{i=1}^{n} x_i w_i \leq W \; x_i = 1 \; ou \; 0, i = \{1,..,n\} \end{cases}$$

## 2.2.1   Le problème du sac-à-dos multiple

Le problème du sac-à-dos multiple ($MKP$ : Multiple knapsack problem) est un problème NP-difficile, il possède de nombreuses applications pratiques comme l'allocation des processeurs dans les systèmes distribués, le chargement des cargaisons, le découpage de stocks,...etc (voir Martello et Toth [67]).

Il est défini par un ensemble de $n$ objets et un ensemble de $m$ sac-à-dos ($m \leq n$). L'objectif du $MKP$ est de trouver un sous-ensemble d'objets qui maximise le profit total tout en satisfaisant certaines contraintes de capacité. Plus formellement, un $MKP$ est modélisé comme suit :

Soit la variable $x_{ij}$ :

$$\begin{cases} x_{ij} = 1 & \text{si l'objet i est mis dans le sac-à-dos j} \\ 0 & \text{sinon} \end{cases}$$

L'objectif est de maximiser la fonction objective Z :

$$\begin{cases} max \; Z(X) = \sum_{j=1}^{m} \sum_{i=1}^{n} x_{ij} p_i \\ \text{s.c} \\ \sum_{i=1}^{n} x_{ij} w_i \leq W_j, j \in \{1,..,m\} \\ \sum_{j=1}^{m} x_{ij} \leq 1 \quad : \text{Un objet n'est mis que dans un sac-à-dos à la fois.} \end{cases}$$

$W_j$ représente la capacité du $j$ème sac-à-dos, sachant que $j = \{1, ..., m\}$, la valeur $p_i$ donne le profit de l'objet $i$ et $w_i$ présente son poids, $i = \{1, ..., n\}$.

## 2.2.2    Bornes et élément critique pour le problème de sac-à-dos

Calculer des bornes supérieures ou inférieures (en fonction du contexte d'optimisation) permet d'encadrer la valeur de la solution optimale pour les problèmes que l'on tente de résoudre. Ensuite, elles sont utilisées pour le développement de méthodes de résolution exacte s'appuyant sur des procédures d'énumération implicite (ou méthodes de séparation et évaluation). Dantzig [27] a proposé, pour le problème de sac-à-dos, de calculer une borne supérieure pour le $KP$. L'idée consiste à relâcher chaque variable $x_j$ pour $j = 1,..,n$ du problème $KP$ dans l'intervalle $[0,1]$, le problème relâché est donné par :

$$LP(KP) = \begin{cases} Max\ Z(x) = \sum_{j=1}^{n} p_j x_j \\ s.c. \\ \sum_{j=1}^{n} w_j x_j \leq W \\ 0 \leq x_j \leq 1, j = 1,..,n \end{cases}$$

La résolution du problème $LP(KP)$ consiste à remplir le sac-à-dos objet après objet et de proche en proche jusqu'à sa saturation. Ensuite, on repère le premier objet ne pouvant être mis en totalité dans le sac. On appelle cet objet l'élément critique $x_l$ . Il s'agit d'un élément d'indice $l \in \{1,..,n\}$ tel que $\sum_{j=1}^{l-1} w_j \leq W < \sum_{j=1}^{l} w_j$.

La solution de $LP(KP)$ se présente alors comme suit :

$$\overline{x_j} = \begin{cases} 1\ \ si\ \ j = 1,..,l-1 \\ \frac{W - \sum_{j=1}^{l-1} w_j}{w_l}\ \ si\ \ j = l \\ 0\ \ si\ \ j = l+1,..,n \end{cases}$$

La borne supérieure pour le problème $KP$ notée par $UBd$, est la solution optimale de $LP(KP)$. Une solution réalisable pour $KP$ l'est aussi pour $LP(KP)$. Ceci est vrai puisque la contrainte d'intégralité sur les variables $x_j$ pour $j = 1,..,n$ de $LP(KP)$ est plus relâchée que celle de $KP$. On a :

$$Z_{LP(KP)}(x) = UBd \geq Z_{(x)}$$

Sachant que toute solution de $KP$ est entière, alors la valeur entière inférieure de la solution optimale de $LP(KP)$ demeure une borne supérieure pour le problème $KP$. Nous avons :

$$UBd = \sum_{j=1}^{l-1} p_j + \lfloor \frac{W - \sum_{j=1}^{l-1} w_j}{w_l} p_l \rfloor$$

Cette borne est communément appelée la borne de Dantzig.

### 2.2.3 Méthodes de résolution

Il existe plusieurs méthodes de résolution pour le problème de sac-à-dos (voir Pisinger [21], Fayard et Plateau [19]). Parmi les heuristiques, nous citons l'algorithme glouton.

#### 2.2.3.1 Algorithme glouton

C'est une méthode heuristique qui construit une solution de manière incrément-ale, en faisant à chaque pas un choix maximisant une fonction objectif. Tout d'abord, on ordonne les objets selon l'ordre décroissant du rapport profit par poids, c'est-à-dire :

$$p_i/w_i \geq p_2/w_2 \geq ... \geq p_n/w_n$$

L'algorithme glouton sélectionne à chaque étape un élément selon l'ordre précédemment défini. Si l'élément est admissible, c'est-à-dire si son poids ne dépasse pas la capacité restante (résiduelle) après fixation des autres éléments, alors il est mis dans le sac, sinon, on sélectionne l'élément qui se situe juste après et qui peut être admissible et ainsi de suite de proche en proche jusqu'à épuisement de tous les objets pouvant être mis dans le sac.

#### 2.2.3.2 Algorithme de Branch and bound

Plusieurs approches de résolution exacte pour le problème du knapsack ont été élaborées. La plupart de ces méthodes sont basées sur les techniques énumératives. Il s'agit d'énumérer d'une manière implicite les solutions et d'en choisir la meilleure parmi les autres solutions possibles.
Le concept général de ces méthodes se base sur une structure arborescente de recherche de solutions. Chaque nœud de l'arborescence sépare l'espace de recherche en deux sous- espaces de proche en proche jusqu'à l'exploration totale de l'espace des solutions.

Dans ce qui suit, nous présentons l'algorithme de séparation et évaluation développé par Horowitz et Sahni [25] pour le problème de sac-à-dos. Cette méthode considère les éléments ordonnés selon l'ordre décroissant du rapport profit par poids. Ensuite, la séparation se fait sur l'élément suivant. Depuis chaque nœud de l'arborescence et pour un élément $j$ pris dans l'ordre prédéfini, on développe deux branches : la première branche, $x_j = 1$ correspondant à l'élément $j$ mis dans le sac et la deuxième branche $x_j = 0$ correspond à l'élément $j$ qui n'est pas mis dans le sac. Le développement de l'arborescence se fait en profondeur, en privilégiant les branches pour lesquelles les éléments sont mis dans le sac.
Ainsi, à chaque développement d'une branche complète de l'arborescence, la solution obtenue reste réalisable. Le calcul des bornes de Dantzig se fait uniquement au niveau

des nœuds développés par une branche correspondant à un élément $j$ non sélectionné, c'est-à-dire correspondant à $x_j = 0$. Pour les nœuds développés par une branche correspondant à $x_j = 1$, la valeur de la borne de Dantzig n'est autre que celle du nœud père. Celle-ci est comparée à la valeur de la meilleure solution obtenue jusque là. Si la valeur de la borne est inférieure à la valeur de cette meilleure solution, alors il est évident qu'on ne pourra jamais atteindre une meilleure solution à partir de ce nœud. Donc, la troncature au niveau de cette branche courante est possible.

## 2.3   Problème de découpe/placement

Dans cette section, nous donnons quelques définitions de base et quelques contraintes utilisées dans le problème de découpe. Ensuite, nous présentons le problème de découpe à une dimension et le problème de découpe à deux dimensions. Enfin, nous présentons le problème de chargement de conteneurs.

### 2.3.1   Définition

Le problème de découpe est l'un des problèmes les plus importants en recherche opérationnelle [43], il appartient à la famille de problèmes de découpe et Placement (voir Dyckhoff [20]). Il est NP-complet avec de nombreuses applications en industrie, en systèmes multiprogrammés, en placement de circuits,...etc. Ce problème se présente lorsque l'on veut optimiser l'utilisation d'une entité disponible de taille limitée en y plaçant des sous-entités prédéterminées. Dans d'autres cas, le placement de toutes les sous-entités peut être indispensable « strip packing » ou « bin packing ». Le problème de découpe dispose de plusieurs variantes qui changent en fonction des contraintes. Ces contraintes peuvent apparaitre en fonction des objectifs à réaliser, de l'instrument de découpe ( guillotine ou non guillotine par exemple), de la forme des objets, du nombre de dimensions ou de la prise en charge de la rotation ou non des objets.

### 2.3.2   Quelques définitions

- **Contrainte guillotine** : Cette contrainte est imposée par les caractéristiques des machines de découpe. Une découpe guillotine consiste en une découpe parallèle à l'un des côtés du rectangle initial allant d'un bord à l'autre. La figure 2.1 montre un plan de découpe guillotine et la figure 2.2 montre un plan de découpe non guillotine.
- **Dimensions** : Le type du problème de découpe et sa complexité dépend de la dimension des items (objets), elle donne le nombre minimum de dimensions géométriques nécessaires pour décrire un plan de découpe. On distingue le problème de découpe à une dimension où les objets sont définis par leurs longueurs, le

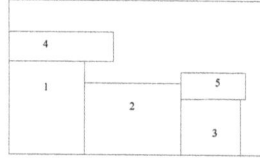

FIG. 2.1 – Découpe guillotine

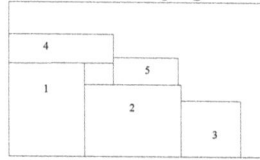

FIG. 2.2 – Découpe non guillotine

problème de découpe à deux dimensions où les objets sont des surfaces, le problème de découpe à 3 dimensions et le problème de découpe à $n > 3$ dimensions. Dans cette thèse, nous nous intéressons aux problèmes de découpe à deux et à trois dimensions.

- **Orientation** : L'orientation des objets est déterminée par sa position dans un espace donné. On distingue l'orientation fixe des objets et le cas non orienté où la rotation est permise. Dans le cas non orienté, le plan de découpe peut produire deux positions pour un même objet, alors que dans le cas fixe, un objet, ne peut être placé que d'une seule manière.

- **Orthogonalité** : Dans un plan de découpe orthogonal, les objets sont rangés de tel sorte que leurs arrêtes soient parallèles aux arrêtes du grand objet. Cette contrainte est très formelle, car elle augmente considérablement la combinatoire du problème.

- **Niveau de découpe guillotine** : Le niveau de découpe guillotine est une constante $k$ qui limite le nombre de changements de la découpe guillotine pour la production (ou le placement) d'un même objet. On parle alors de problème de découpe à deux niveaux si $k$ est fixé à deux.

- **Bande** : Une bande (strip en anglais) horizontale (ou respectivement verticale) représente un ensemble d'objets placés l'un à coté de l'autre de telle sorte qu'il existe une ligne horizontale (respectivement verticale) qui touche tous les objets sur leur longueurs (respectivement hauteurs), elle est caractérisée pas une hauteur $w$ et une longueur $L$, tel que tous les objets $p_i, i = 1, .., n$ ont une hauteur $w_i \leq w$. Une bande est dite générale si l'ensemble des objets la constituant n'ont pas tous la même hauteur. Elle est dite uniforme si tous les objets ont la même hauteur. Une bande est dite homogène si elle ne contient qu'un seul type d'objet.

- **Un plan de découpe horizontale** est un plan de découpe obtenu par un processus de découpe commençant par une découpe horizontale (voir figure 2.3).

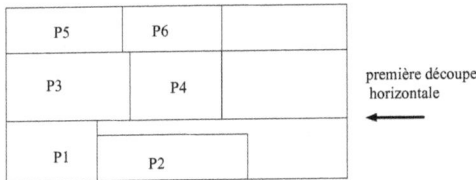

FIG. 2.3 – Première découpe horizontale

- **Un plan de découpe verticale** est un plan de découpe obtenu par un processus de découpe commençant par une découpe verticale (voir figure 2.4).

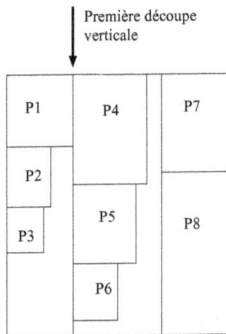

FIG. 2.4 – Première découpe verticale

### 2.3.3   Problème de découpe à une dimension

Une instance du problème de découpe à une dimension est définie par l'ensemble suivant : $((m, L, l = (l_1, .., l_m), b = (b_1, .., b_m))$, où $L$ désigne la longueur de chaque entité stock, $m$ désigne le nombre de pièces (objets ou items) que l'on veut obtenir (voir figure 2.5). Chaque pièce de type $i = 1, ..., m$ est caractérisée par une longueur $l_i$, une demande $b_i$ qui désigne la borne supérieure du nombre d'occurrences de chaque type de pièces dans un plan de découpe réalisable (voir figure 2.3). On suppose que $l_i \leq L, i \in \{1, ..., m\}$ pour que la découpe soit possible. Le problème de découpe à une dimension consiste à découper l'ensemble des pièces nécessaires à partir des longueurs des stocks disponibles. L'objectif est de minimiser le nombre d'entité stock ou, de manière équivalente, de minimiser les chutes. Gilmore et Gomory [60] ont formulé le problème de découpe à une dimension comme suit :

$$\begin{cases} Min \sum_{j=1}^n x_j \\ s.c \ \sum_{j=1}^n a_{ij} x_j \geq b_i \\ x_j \geq 0, j = 1,..,n; i = 1,..,n \end{cases}$$

Où $x_j$ est le nombre de configurations (fréquences) de découpes réalisables j choisies et $a_{ij}$ est le nombre de pièces de longueurs $l_i (i = 1,..,m)$ produit pour chaque configuration $j$

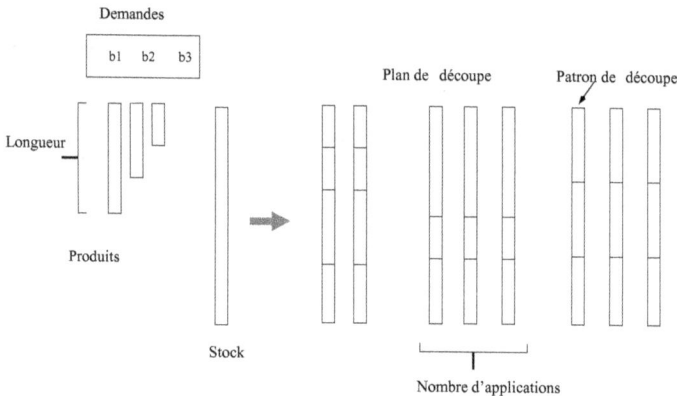

FIG. 2.5 – Problème de découpe à une dimension

## 2.3.4 Problème de découpe à deux dimensions

Le problème de découpe à deux dimensions consiste à découper à partir d'une grande plaque rectangulaire $R$ de dimensions $(L \times W)$ un ensemble de $n$ items (pièces) de type différent. Tel que $L$ et $W$ représentent la longueur et la hauteur du rectangle $R$ (respectivement). Chaque pièce , $i = 1,..,n$ est caractérisée par les dimensions $l_i \times w_i$ ( $l_i$ : longueur de la pièce $i$ et $w_i$ : hauteur de la pièce $i$), elle possède un profit $c_i$ et une demande $b_i$ qui représente une borne supérieure pour le nombre d'occurrences de chaque type de pièces dans un plan de découpe réalisable. Dans ce qui suit, nous présentons quelques variantes du problème de découpe à deux dimensions.

### 2.3.4.1  Problème de découpe à deux dimensions non contraint

Le problème de découpe à deux dimensions non contraint consiste à découper à partir du rectangle $R$ de dimensions $(L \times W)$ un ensemble de pièces $n$ dont la valeur $b_i$ de chaque pièce $i$ n'est pas limitée, dans ce cas, la borne supérieure pour le nombre d'occurrences qu'on peut déduire est donné par : $b_i = \lfloor \dfrac{L}{l_i} \rfloor \lfloor \dfrac{W}{w_i} \rfloor, i = 1, ..., n$. Lorsque les pièces $i$ possèdent un profit $c_i$, tel que $c_i \neq l_i w_i$, le problème sera appelé "problème de découpe à deux dimensions non contraint pondéré" et dans ce cas, l'objectif consiste à maximiser la fonction suivante :

$$Max\ f(X) = \sum_{i=1}^{n} c_i x_i$$

Lorsque $c_i = l_i w_i$, le problème sera appelé "problème de découpe à deux dimensions non contraint non pondéré" et dans ce cas, le problème de maximisation est équivalent à un problème de minimisation de chutes (surface non utilisée). La fonction objectif peut se définir comme suit :

$$\begin{cases} Min\ f(X) = LW - \sum_{i=1}^{n} s_i x_i \\ s_i = l_i w_i, i = 1, ..., n \end{cases}$$

$X = (x_1, x_2, ...x_n)$ tel que $x_i$ représente le nombre d'occurrences de la pièce $i$ dans le plan $X$ et $f$ une application définie par : $f : \Gamma \to N$ tel que la fonction $\Gamma$ est l'ensemble fini de vecteurs qui représentent les différents plans de découpe réalisables. $(s_i, i = 1..n)$ représente la surface de la pièce $i$.

Dans le deuxième problème, une solution optimale du problème est le couple $(X^*, f(X))$ tel que le profit du plan de découpe réalisable $X^*$ soit égale à $f^*$ de valeur minimum (i.e. un plan de découpe optimal qui minimise la chute sur le rectangle initial).

### 2.3.4.2  Problème de découpe contraint à deux dimensions

La seule différence avec le problème de découpe à deux dimensions non contraint réside dans le nombre limité de la borne supérieure du nombre d'occurrences $b_i, i = 1, ..., n$ pour chaque pièce. Le problème peut être formulé comme suit :

$$\begin{cases} Max\ f(X) = \sum_{i=1}^{n} c_i x_i \\ s.c. \\ x_i \leq b_i, x_i \in N \end{cases}$$

$X = (x_1, x_2, ...x_n)$ tel que $x_i$ représente le nombre d'occurrences de la pièce $i$ dans le plan $X$ et $f$ une application définie par : $f : \Gamma \to N$ tel que la fonction $\Gamma$ est l'ensemble fini de vecteurs qui représentent les différents plans de découpe réalisables.

### 2.3.4.3  Problème de découpe guillotine contraint à deux dimensions et à deux niveaux

Le problème de découpe guillotine contraint à deux dimensions et à deux niveaux (voir [61]) consiste à découper à partir d'une grande plaque rectangulaire $R$ de dimensions $(L \times W)$ un ensemble $n$ de pièces de type différent. Dans le cas à 2 niveaux, les bandes produites par le premier niveau de découpe guillotine sont découpées en petites pièces dans le second niveau (d'une manière guillotine aussi), on obtient deux cas de découpe exact et non-exact. Dans le cas non-exact, la hauteur des pièces peut être inférieure à la hauteur de la bande alors que dans le cas exact, la hauteur des pièces est égale à la hauteur de la bande (voir figure 2.6). Toutes les pièces possèdent une orientation fixe et elles sont produites par deux niveaux de découpes guillotines dans le même ordre (une première horizontale et une deuxième verticale dans l'ordre ou vice versa). Chaque pièce $p_i$ possède une borne supérieure pour le nombre d'occurrences $b_i, i = 1, ..., n$. La formulation mathématique de ce problème peut être donnée par :

$$\begin{cases} Max\ f(X) = \sum_{i=1}^{n} c_i x_i \\ s.c. \\ x_i \leq b_i, x_i \in N \end{cases}$$

$X = (x_1, x_2, ...x_n)$ tel que $x_i$ représente le nombre d'occurrences de la pièce $i$ dans le plan $X$ et $f$ une application définie par : $f : \Gamma \to N$ tel que la fonction $\Gamma$ est l'ensemble fini de vecteurs qui représentent les différents plans de découpe réalisables.

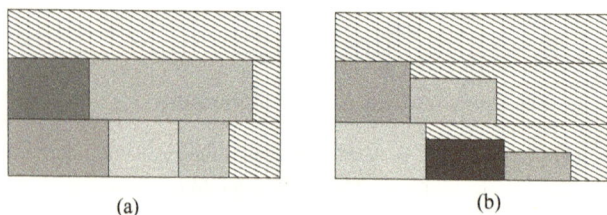

(a)                                              (b)

FIG. 2.6 – (a) cas exact (b) cas non-exact

## 2.3.5    Problème de chargement de conteneurs

Le problème du chargement de conteneur est NP-difficile (voir Gilmore et Gomory [61]), il est appliqué dans de nombreux secteurs industriels (chargement d'objets dans des camions avec la contrainte du volume, gestion d'entrepôt, ...etc) (voir figure 2.7). Il consiste à placer, sans chevauchement, un ensemble d'items ou d'objets à trois dimensions dans un conteneur (bin) à trois dimensions. L'ensemble de ces objets sont caractérisés par une longueur $l_i$, une hauteur $w_i$, une profondeur $h_i$ et un profit $c_i = l_i \times w_i \times h_i, , i \in \{1, ..., n\}$. Le conteneur est de dimensions $L \times W \times H$, tel que $L$, $W$, $H$ représentent la longueur, la hauteur et la profondeur (respectivement).

Selon Dyckhoff [20], il y a deux principaux problèmes de chargement de conteneurs. Le premier problème consiste à charger tous les objets ou une partie des objets dans un seul conteneur. Ainsi, l'objectif est de maximiser le volume utilisé ou de minimiser le volume inutilisé du conteneur. Ce problème peut être formulé comme suit :

$$\begin{cases} Min\ g(X) = L \times W \times H - \sum_{i=1}^{n} s_i x_i \\ s_i = l_i \times w_i \times c_i, i = 1, ..., n \end{cases}$$

Tel que $X = (x_1, x_2, ... x_n)$ avec $x_i$ le nombre d'occurrences de l'objet $i$ dans l'espace de placement en trois dimensions $X$, dans ce cas $x_i = \{\lfloor \frac{L}{l_i} \rfloor \lfloor \frac{W}{w_i} \rfloor \lfloor \frac{H}{h_i} \rfloor, i = 1, ..., n\}$.

$g$ est une application définie par : $g : \varphi \to N$ tel que $\varphi$ est l'ensemble fini de vecteurs qui représentent les différents espaces de placement réalisables en trois dimensions. $s_i, i = 1, .., n$ représente le volume de la pièce $i$.

Le second problème consiste à charger tous les objets dans un seul ou plusieurs conteneurs, l'objectif consiste à minimiser le nombre de conteneurs utilisés.

Étant donné $n$ items caractérisés par une capacité $c_i, i \in \{1, .., n\}$ et un nombre infini de conteneurs caractérisés par une capacité $C$, on cherche à déterminer le nombre minimum de conteneurs nécessaires pour charger tous les items. Ce problème peut être formulé comme suit :

$$\begin{cases} z = Min\ \sum_{j=1}^{n} y_j \\ s.c \\ \sum_{i=1}^{n} c_i x_{ij} \leq C y_j & 1 \leq j \leq n \quad (1) \\ \sum_{j=1}^{n} x_{ij} = 1 & 1 \leq i \leq n \quad (2) \\ x_{ij} \in \{0, 1\}, 1 \leq i \leq n, 1 \leq j \leq n. \\ y_j \in \{0, 1\}, 1 \leq j \leq n. \end{cases}$$

La variable $x_{ij}$ est une variable binaire telle que :

$$x_{ij} = \begin{cases} 1 & \text{si l'item i est mis dans le bin j} \\ 0 & \text{sinon} \end{cases}$$

La variable $y_j = 1$ si le bin $j$ est utilisé sinon $y_j = 0$. La contrainte (1) désigne la contrainte de capacité et la contrainte (2) indique que chaque objet est mis exactement dans un seul bin.

(L*W*P)

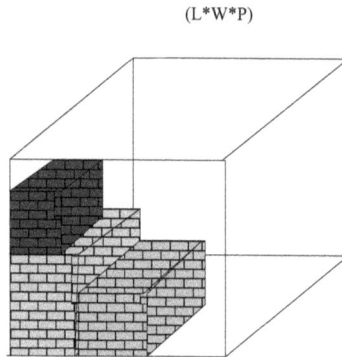

FIG. 2.7 – Chargement du conteneur

## 2.4 Résolution du problème de découpe à deux dimensions

Cette section est structurée en deux sous-sections. En premier, nous présentons quelques méthodes heuristiques permettant de résoudre le problème de découpe. Dans un deuxième temps, nous exposons quelques méthodes exactes permettant de le résoudre.

Le problème de découpe à deux dimensions a été traité par plusieurs chercheurs depuis les années 60, Parmi les travaux menés sur ce problème, on peut citer les travaux de Gilmore et Gomory [60, 61] qui ont proposé une approche de programmation dynamique exacte. Plus récemment, plusieurs procédures exactes et approchées ont été développées. Beasley [36] a proposé une procédure de programmation dynamique. Morabito [65] a suggéré une méthode basée sur la génération de colonnes, Hifi et Roucairol [47, 49] ont développé des algorithmes de branch and bound. Tandis que Lodi et Monaci [4] ont proposé deux formulations linéaires en nombre entiers. Aussi, Hifi a amélioré l'algorithme exact de Viswanathan et Bagchi [40] (voir [46]). Les procédures heuristiques sont apparues dans les travaux de Beasley [36] qui a proposé de réduire d'une manière heuristique l'espace d'état de sa procédure de programmation dynamique. Hifi et Roucairol [49] ont réduit le problème initial en une série de problèmes de sac-à-dos bornés, ensuite ils ont résolu ces problèmes en appliquant une procédure de programmation dynamique.

On peut citer également, Hifi et M'Hallah [52], qui proposent une procédure de génération de bande SGA (strip generation procedure). Cette procédure est basée sur la combinaison de deux phases. La première phase construit un ensemble de bandes uniformes et générales par la résolution d'un seul problème de sac-à-dos borné en utilisant la programmation dynamique. Puis, la deuxième phase combine ces bandes pour générer une solution réalisable. Hifi et Saadi ont exploité la génération de bandes dans [53, 70] pour proposer une heuristique, nommée GBS (Global Beam Search), qui combine la génération de bandes et l'algorithme de recherche par faisceau (Beam Search).

### 2.4.1   Méthodes heuristiques

Une heuristique est une technique qui améliore l'efficacité d'un processus de recherche, en sacrifiant éventuellement l'exactitude ou l'optimalité de la solution. Pour les problèmes d'optimisation (NP-complets) où la recherche d'une solution exacte (optimale) est difficile, on peut se contenter d'une solution satisfaisante donnée par une heuristique avec un coût plus faible. Il existe plusieurs heuristiques pour la résolution du problème de découpe à deux dimensions, quelques heuristiques de résolution sont présentées dans les sous-sections suivantes.

#### 2.4.1.1   La méthode BLP (Bottom-Left Procedures)

La méthode BLP appartient à la classe des algorithmes de recherche par trajectoires. Cette méthode est simple et permet de trouver un plan de découpe réalisable à partir d'un rectangle $R = (L, W)$ en utilisant un ensemble de pièces $S$ (voir figure 2.8). Les pièces sont ordonnées selon un critère de sélection donné. Dans la méthode BLP proposée par Alvarez-Valdès et al [64], les pièces ont été triées selon un ordre décroissant de leurs hauteurs.

Dans la première itération, BLP sélectionne la plus haute pièce $p_i$ et la place dans le coin inférieur gauche du rectangle $R$, puis diminue $b_i$ de 1 (dans le cas guillotine à deux niveaux la hauteur de cette pièce détermine la hauteur de la bande). Dans la deuxième itération, BLP choisi la première pièce dont la demande $b_i$ est positive, puis diminue $b_i$ de 1, ensuite place cette pièce dans la première bande à côté de la pièce précédemment placée. BLP continue de cette manière jusqu'à ce que la longueur $l_i$ de la pièce sélectionnée dépasse la longueur restante de la bande "$rs$" (la différence entre L et la somme des longueurs des pièces placées dans cette bande). La nouvelle pièce est alors placée dans une nouvelle bande. L'algorithme BLP termine lorsque toutes les demandes ont été satisfaites ou lorsqu'il ne reste plus de place pour une nouvelle bande.

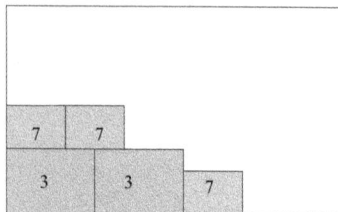

FIG. 2.8 – Exemple BLP

#### 2.4.1.2    La méthode GRASP (Greedy Randomized Adaptive Search Procedure)

La méthode GRASP est une heuristique introduite par Feo et Resende [69]. Cette heuristique est une méthode hybride qui cherche à combiner les avantages des heuristiques gloutonnes, la recherche aléatoire et des méthodes de voisinage. Chaque itération de GRASP comprend deux étapes : la construction d'une solution et la recherche de voisinage. La première étape construit une solution réalisable, la seconde étape explore le voisinage jusqu'à ce qu'un optimum local soit trouvé. La meilleure solution sur toutes les itérations est retenue.

Cette méthode a été appliquée à plusieurs problèmes d'optimisation combinatoire. Alvarez-Valdès et al [64] ont également adapté GRASP au problème de découpe à deux dimensions et à deux niveaux. Les auteurs proposent deux versions de cette procédure selon les éléments considérés dans la phase de construction : Grasp based on pieces (pour une construction par pièces) et Grasp based on strips pour une construction par bandes. Nous expliquons la première version de leur procédure.

#### 2.4.1.3    Grasp basé sur les pièces

1. **Phase de construction :**

   La phase de construction contient deux étapes. La première phase choisit une hauteur pour la création d'une bande, tandis que la seconde phase remplit la bande avec les pièces du problème. À chaque fois qu'une bande est remplie, la première phase est appelée afin de sélectionner une autre hauteur pour la création d'une nouvelle bande.

   La première phase, considère les hauteurs de toutes les pièces. Soit $Wfree$ la hauteur du rectangle initial. Initialement, $Wfree$ est égale à $W$, mais lorsque une bande de hauteur $w$ est créé, $Wfree$ devient $Wfree - w$. Soit $CL1$ la liste candidate des hauteurs, elle contient toutes les hauteurs $w \leq Wfree$. Pour chaque hauteur $w \in CL1$. La première phase définit l'ensemble des pièces $P_w$ avec une hauteur inférieure ou égale à $w$ et calcule la valeur $value(w)$, elle représente la valeur "attractivité" de la hauteur $w$.

$$value(w) = \frac{\sum_{i \in P_w} c_i b_i}{\sum_{i \in P_w} b_i}$$

La plus grande valeur d'attractivité de la liste $CL1$ est multipliée par un paramètre "$\alpha$" qui peut prendre l'une des valeurs $(0.25; 0.50; 0.75; 0.90)$. Cette valeur finale représente un seuil, il est utilisé pour construire la liste $RCL1$. Cette dernière contient toutes les hauteurs de $CL1$ dont l'attractivité est supérieure ou égale au seuil. La procédure sélectionne une nouvelle hauteur d'une manière aléatoire afin de construire une bande de la liste $RCL1$.

Soit $w^*$ la hauteur choisie. La deuxième phase remplis la bande en utilisant les pièces de l'ensemble $P_{w^*}$.

Comme dans la méthode BLP, la procédure définit la longueur restante "$rs$" de la bande. Cette longueur correspond à la différence entre L et la somme des longueurs des pièces placées dans cette bande. Lorsque la deuxième étape est lancée, $rs = L$ et la liste des candidats notée $CL2$ contient toutes les pièces de l'ensemble $P_{w^*}$ qui possèdent une demande positive $b_i > 0$ et une longueur inférieure ou égale à "$rs$". Chaque pièce $p_i \in CL2$ possède un coût $c_i$ qui peut être considéré comme une valeur d'attractivité. La plus grande valeur d'attractivité de l'ensemble des pièces de $CL2$ est multipliée par le paramètre "$\alpha$" (seuil). La liste $RCL2$ contient toutes les pièces de $CL2$ dont le coût est supérieur ou égale à la valeur seuil, puis la procédure sélectionne au hasard la prochaine pièce à placer dans la bande courante. À la fin de cette phase, la demande $b_i$ et la longueur restante de la bande "$rs$" sont mises à jour $(b_i = b_i - 1, rs = rs - l_i)$ et les listes $CL2$ et $RCL2$ sont recalculées. La deuxième phase continue à remplir la bande jusqu'à ce qu'aucune pièce $p_i$ satisfaisant $l_i \leq rs$ soit trouvée, dans ce cas, une nouvelle bande est créée par la première phase de la méthode. La procédure se termine lorsque aucune nouvelle bande ne peut être créée.

2. **Phase d'amélioration :**
   Chaque étape de la phase d'amélioration consiste à sélectionner une pièce pour un déplacement (mouvement). Elle analyse les pièces contenues dans les bandes dans l'ordre donné, puis commence avec la première bande (celle du bas) et continue jusqu'à la dernière bande. Dans chaque bande, elle sélectionne chaque

pièce et essaye de la remplacer avec une autre pièce possédant une demande positive. La valeur de déplacement est la différence entre le coût de la pièce enlevée et la nouvelle pièce placée. On améliore la valeur du déplacement avec la meilleure valeur positive. Si aucune amélioration n'est possible, alors la pièce n'est pas déplacée. L'étape d'amélioration se termine lorsque toutes les pièces ont été sélectionnées pour le déplacement.

La méthode GRASP alterne entre la phase de construction et la phase d'amélioration jusqu'à ce que le nombre maximal d'itérations soit atteint.

### 2.4.1.4   La méthode SGA (Strip generation Algorithm)

La méthode SGA procède en deux étapes. Dans la première étape, SGA génère un ensemble de bandes générales et uniformes. Et dans la seconde étape, elle cherche une bonne combinaison de ces bandes. On considère que la première découpe est horizontale dans ce qui suit.

#### Génération de bandes uniformes

La première étape de la méthode SGA consiste à générer une bande uniforme $(L, \overline{w_j})$ pour chaque hauteur $\overline{w_j}$ , $j \in J, J = 1, ..., r$. Les bandes uniformes générées sont construites en fonction de la solution optimale du problème de sac-à-dos borné suivant :

$$BK^u_{L,\overline{w_j}} = \begin{cases} f_{\overline{w_j}}(L) = Max \ \sum_{i \in S_{\overline{w_j}}} c_i x_{ij} \\ s.c \\ \sum_{i \in S_{\overline{w_j}}} l_i x_{ij} \leq L \\ x_{ij} \leq b_i, x_{ij} \in N, i \in S_{\overline{w_j}} \end{cases}$$

Où $x_{ij}$ est le nombre d'occurrences de la pièce de type $i \in I$, $I = \{1, ..., n\}$ dans la bande $(L, \overline{w_j})$ et $f_{\overline{w_j}}(L)$ le profit de la bande. $S_{\overline{w_j}} = \{i \in I, w_i = \overline{w_j}\}$ représente l'ensemble de pièces dont la hauteur est égale à $\overline{w_j}$. La résolution du problème $BK^u_{L,W}$ en utilisant la programmation dynamique donne la solution optimale de chaque problème $BK^u_{L,\overline{w_j}}, j \in J$.

Dans la deuxième étape, la méthode SGA détermine le nombre d'occurrences $y_j$ de chaque bande uniforme afin de construire le meilleur plan de découpe sans dépasser la borne supérieure $b_i$ de chaque type de pièce $i \in I$. De cette manière, un plan de découpe optimal est construit en fonction de la solution du problème de sac-à-dos suivant :

$$BK^u_{L,W} = \begin{cases} g_L(W) = Max \ \sum_{j \in J} f_{\overline{w_j}}(L)y_j \\ s.c \\ \sum_{j \in J} \overline{w_j}y_j \leq W \\ y_j \leq a_j, y_j \in N, i \in J \end{cases}$$

Le nombre d'apparitions $y_j$ de la bande $(L, \overline{w_j}), j \in J$ dans le rectangle $(L, W)$ est borné par $a_j$ et il est exprimé par :

$$a_j = min\{\lfloor \frac{W}{\overline{w_j}} \rfloor, min_{i \in s_{\overline{w_j}}}\{\lfloor \frac{b_i}{x_{ij}} \rfloor, x_{ij} > 0\}\}$$

**Génération de bandes générales :**

Pour générer des bandes générales, Hifi et M'hallah [52] ont utilisé le même problème de sac-à-dos précédant. Cependant, les pièces appartenant à une bande, peuvent avoir des hauteurs différentes. Dans ce cas, $S_{\overline{w_j}} = \{i \in I, w_i \le \overline{w_j}\}$

### 2.4.1.5   La méthode GBS (Global Beam Search)

La méthode GBS proposée dans [70] consiste à combiner une procédure de construction de bandes (SGA) et une procédure de recherche par faisceau. La construction par bandes génère un ensemble de bandes optimales, tandis que la recherche par faisceau filtre les meilleures bandes pendant la construction de la solution en utilisant une fonction d'évaluation qui inclut la solution courante et une estimation de la solution (des solutions) générée(s) par les futures constructions.

**Construction de bandes générales**

Les bandes générales sont générées de la même manière que la procédure (SGA). Elles sont construites en fonction de la solution optimale du problème de sac-à-dos borné suivant :

$$BK_{L,\overline{w_j}}^g = \begin{cases} f_{\overline{w_j}}(L) = Max \sum_{i \in S_{\overline{w_j}}} c_i x_{ij} \\ s.c \\ \sum_{i \in S_{\overline{w_j}}} l_i x_{ij} \le L \\ x_{ij} \le b_i, x_{ij} \in N, i \in S_{\overline{w_j}} \end{cases}$$

Où $x_{ij}$ est le nombre d'occurrences de la pièce du type $i$ dans la bande $(L, \overline{w_j})$ et $f_{\overline{w_j}}(L)$ est égale au profit de la bande. $S_{\overline{w_j}} = \{i \in I, w_i \le \overline{w_j}\}$ représente l'ensemble de pièces dont la hauteur est inférieure ou égale à $\overline{w_j}$.

La résolution du problème $BK_{L,W}^g$ en utilisant la programmation dynamique donne la solution optimale de chaque problème $BK_{L,\overline{w_j}}^g, j \in J$.

**Recherche par faisceau (Beam Search)**

La recherche par faisceau est une méthode de recherche arborescente, elle a été introduite pour les problèmes de l'ordonnancement par Ow et Morton [63] et qui a été appliquée à de nombreux autres problèmes d'optimisation combinatoire (voir Hais Zhou et al [74]). Ce processus de recherche évite la recherche exhaustive et effectue une exploration partielle de l'espace des solutions. En effet, à chaque niveau de l'arbre de recherche, un sous-ensemble de nœuds est sélectionné pour poursuivre la recherche (appelé nœuds élites), les autres nœuds sont supprimés de l'espace de recherche. Le nombre de nœuds sélectionné $\beta$ à chaque niveau est appelé largeur de faisceau. Le processus de résolution est donné par l'algorithme 1.

---
**Algorithme 1** Beam Search
---
1: **Begin**
2: **Initialisation**
3: $N = N_0, et M = \emptyset$ ;
4: **Phase Itérative**
5: 1. Pour chaque nœud de $N$.
6:    (a) Brancher sur le nœud et générer les nœuds fils ;
7:    (b) Évaluer chaque nœud et l'insérer dans $M$ ;
8: 2. Insérer dans $N$ les min $\{\beta, |M|\}$ meilleurs nœuds de $M$ ;
9: 3. $M = \emptyset$ ;
10: **Si** $N = \emptyset$ **Alors** sélectionner le nœud qui génère le meilleur profit et arrêter ;
11: **Sinon**, répéter la Phase Itérative ;
12: **End.**

---

L'application de l'algorithme de recherche par faisceau au problème de découpe à deux dimensions et à deux niveaux nécessite la définition des nœuds qui composent l'arbre de recherche. Chaque nœud est modélisé par une paire de sous-rectangles $(L, W - y)$ et $(L, y)$, avec $y \leq W$. Le sous-rectangle $(L, W - y)$ représente la solution réalisable courante, elle est construite par la combinaison de bandes et $(L, y)$ représente le reste de la surface du rectangle initial $R$. Par conséquent, la racine de l'arborescence est représentée par les deux sous-rectangles $(L, 0)$ et $(L, W)$. GBS calcule une fonction d'évaluation globale notée $Z_u^{global}$ au niveau de chaque nœud $u = ((L, W - y), (L, y)), y \leq W$, elle permet de choisir le nœud le plus potentiellement bénéfique pour la construction de la solution finale. Elle est calculée comme suit :

$$Z_u^{global} = Z_u^{local} + Sup_{(L,y)}$$

Tel que :

1. $Z_u^{local} = \sum_{i \in I} c_i v_i$, avec $v_i$ est le nombre d'apparitions de la pièce du type $i$ dans $(L, W - y)$.

2. $Sup_{(L,y)}$ une borne supérieure du sous-rectangle complémentaire $(L, y)$. Elle représente la solution optimale du problème de sac-à-dos suivant :

$$Sup_{(L,y)} = max\left\{ \sum_{j \in J} f_{\overline{w_j}}(L)t_j \,\middle|\, \sum_{j \in J} \overline{w_j}t_j \leq y, t_j \in N, j \in J \right\}$$

Où $f_{\overline{w_j}}(L)$ représente le profit de la bande générale optimale $\overline{w_j}$ obtenue par la résolution du problème de sac-à-dos $BK^g_{L,\overline{w_j}}$. L'entier $t_j$ est le nombre d'occurrences de la bande générale $(L,\overline{w_j})$ dans $(L,y)$. le déroulement de la méthode GBS est donné par l'algorithme 2.

---

**Algorithme 2** GBS

---

Entrée : Une instance FC2TDC

Sortie : Une solution approximative ;

1: **Begin**

2: $b'_i = b_i, i \in I$ ;

3: Résoudre $Sup_{(L,W)}$ ;

4: $M = \emptyset$ ;

5: $N = u = ((L,0),(L,W))$ ;

6: **Phase Itérative**

7: 1. Pour chaque nœud $u$ de $N$ ;

8:      (a) Calculer $b'_i = b_i - v_i$, $v_i$ est le nombre d'apparition de la pièce de type $i$ dans le sous-rectangle $(L, W - y)$

9:      (b) Brancher sur le nœud $u$ et générer les nœuds fils de $u$ en créant $r$ bandes générales différentes $(L,\overline{w_j}), j \in J$ par la résolution de $BK^g_{L,\overline{w_j}}$ ;

10:      (c) Pour chaque bande $(L,\overline{w_j}), j \in J$, générer le nœud $u_j = ((L, W - \overline{w_j}),(L,\overline{w_j}))$, calculer $Z^{global}_{u_j} = Z^{local}_{u_j} + Sup_{u_j}$ et insérer $u_j$ dans $M$ ;

11: 2. Calculer $\eta = max_{u \in m}\{Z^{global}_u\}$

12: 3. Pour chaque nœud $u \in M$ , calculer l'écart entre $Z^{local}_u$ et $\eta$

13: 4. Insérer dans $N$ les min $\{\beta, |M|\}$ de $M$ ayant le plus grand écart ;

14: 5. $M = \emptyset$ ;

15: **Condition d'arrêt**

16: Si $N = \emptyset$ Alors sélectionner le nœud qui génère la meilleure solution et arrêter ;

17: Sinon, répéter la Phase Itérative ;

18: **End**

---

### 2.4.1.6   Principe de la méthode CGBS

La méthode CGBS (Cooperative Global Beam Search, voir[53, 54]) consiste à faire coopérer l'algorithme GBS avec une méthode complémentaire notée BFP (Basic Filling Procedure) qui va contribuer à la découverte de nouvelles régions dans l'espace de recherche et diversifier, ainsi, les chemins développés par GBS. La méthode complémentaire va aussi contribuer au calcul d'une borne supérieure plus fine, qui va améliorer la performance de la stratégie de recherche en profondeur d'abord de GBS sur de grandes instances. Comme présenté dans la méthode GBS, un nœud $u$ est représenté par deux sous-rectangles $((L, W - y),(L,y))$, où $(L, W - y)$ est la solution réalisable locale et $(L,y)$ le sous-rectangle à compléter. L'algorithme coopératif CGBS utilise une fonction d'évaluation qui combine trois solutions, comme suite :

Soit $w$ une découpe horizontale sur le sous-rectangle complémentaire $(L, y)$, avec $w \leq y$ et $w \in w_1, .., w_n$. Soit $v = ((L, W - y + w), (L, y - w))$ un des nœuds résultat de cette découpe. L'algorithme coopératif combine les trois points suivants sur le nœud $v$.

1. $Z_v^{local}$ la valeur de la solution réalisable du sous-rectangle $(L, W - y + w)$.
2. $BFP_{(L,Y-w)}$ une solution réalisable complémentaire du sous-rectangle $(L, y-w)$.
3. $U_{(L,y)}$ une borne supérieure du sous-rectangle complémentaire $(L, y - w)$.

Cette méthode sera expliquée d'une manière détaillée dans le cinquième chapitre, vu que notre contribution parallèle porte sur cette dernière.

### 2.4.2  Méthodes exactes

Ces méthodes sont basées soit sur une résolution algorithmique ou analytique, soit sur une énumération exhaustive de toutes les solutions possibles. Elles s'appliquent donc aux problèmes qui peuvent être résolus de façon optimale et rapide. Nous présentons quelques méthodes exactes dans les sous-sections suivantes.

#### 2.4.2.1  La méthode BFS (Best First Search)

La méthode BFS est une technique de résolution largement utilisée dans le domaine de l'intelligence artificielle et la recherche opérationnelle. Elle est basée sur la recherche arborescente qui est une recherche en largeur avec une fonction d'estimation. À chaque fois qu'on génère les successeurs d'un sommet, on les rajoute à une file de priorité contenant tous les sommets générés, mais pas encore explorés. La file est ordonnée par une fonction d'estimation, de sorte que le prochain sommet à visiter est toujours le « meilleur » parmi tous ceux déjà générés dans la file. Viswanathan et Bagchi [40] se sont inspirés de cette méthode pour la résolution exacte du problème de découpe contraint à deux dimensions. Ils considèrent que toute solution guillotine du problème peut être obtenue par des constructions verticales et horizontales de différents type de pièces (voir figure 2.9).

À chaque étape, la meilleure construction est placée dans le coin inférieur gauche de la

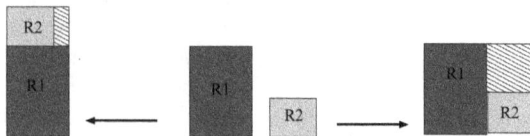

FIG. 2.9 – Combinaison verticale est horizontale

surface disponible et elle est combinée avec les meilleures constructions sélectionnées précédemment (voir la figure 2.10).

Afin de savoir quelles sont les meilleures constructions, l'algorithme fait correspondre

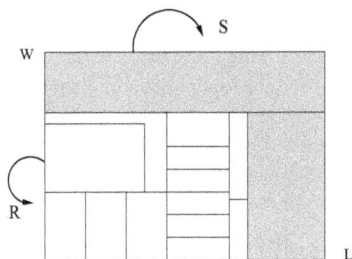

FIG. 2.10 – Construction $R$ et la surface $S$

respectivement à chaque rectangle guillotine $R$ une fonction $g(R)$ et une fonction $h(R)$. La fonction $g(R)$ représente la valeur de la somme des profits des pièces constituant $R$ et $h(R)$ est l'estimation du reste de la surface du rectangle initial. Le profit total de la construction $R$ est défini par la fonction $f(R) = g(R) + h(R)$. Généralement, il n'est pas évident de calculer la valeur exacte de $h(R)$ en un temps raisonnable. Pour trouver une estimation pour la fonction $h(R)$, l'algorithme calcule une borne supérieure $h'(R)$ pour $h(R)$. Pour calculer cette estimation, deux fonctions peuvent être définies :

$$U_1(x_R, y_R) = F(L, W - y_R) + F(L_R - x, W)$$

$$U_2(x_R, y_R) = max\{h_1(x, y), h_2(x, y)\}, U2(L, W) = 0$$

Où $F$ est une fonction pour le problème de sac-à-dos bidimensionnel qui est satisfaite pour tout $x$ et $y$ tel que $x \leq L$ et $y \leq W$ (voir Gilmore et Gomory [62]) .

$$F(x, y) = max\{F_0(x, y), F(x_1, y) + F(x_2, y), F(x, y_1) + F(x, y_2)\}$$

$$F_0(x, y) = max\{0, c_i; l_i \leq x, w_i \leq y, \forall i \in 1, ....., n\}$$

$$x \geq x_1 + x_2, 1 \leq x_1 \leq x_2$$

$$y \geq y_1 + y_2, 1 \leq y_1 \leq y_2$$

Les fonction $h_1$ et $h_2$ sont définies comme suit :

$$h_1(x, y) = max\{U_2(x + u, y) + F(u, y) : 1 \leq u \leq L - x\}$$

$$h_2(x, y) = max\{U_2(x, y + v) + F(x, v) : 1 \leq v \leq W - y\}$$

Après avoir calculé $h'(R)$, le coût total estimé $f'(R)$ associé à chaque construction $R$, sera égale à $g(R) + h'(R)$. L'algorithme exacte utilise deux listes $Open$ et $Clist$. La première liste $Open$ comporte au départ une copie de chaque type de pièces. Elle représente la liste globale de l'algorithme. La deuxième liste est initialement vide. Elle représente la liste intermédiaire qui sert à stocker toutes les constructions susceptibles d'améliorer la solution courante. À chaque étape de l'algorithme, un élément $R$ de valeur $f'(R)$ maximum est choisi dans la liste Open. Cet élément est un rectangle guillotine qui est immédiatement transféré vers la liste $Clist$. Par la suite, de nouveaux rectangles sont crées à partir de $R$ en prenant chaque rectangle $R'$ tour à tour dans $clist$. $R$ et $R'$ sont ensuite combinés pour former une construction horizontale et verticale. L'algorithme de Viswanathan et Bagchi est donné par l'algorithme 3 :

---

**Algorithme 3** Viswanathan et Bagchi

---

1: **Begin**
2: $Open := \{p_1, p_2, ..., p_n\}$ ;
3: $Clist := \{\}$ ;
4: finished :=Faux ;
5: **Repeat**
6: Choisir le rectangle $R$ de valeur maximale $f'(R)$
7:   **Si** $h'(R) = 0$ **alors**
8:     finished :=Vrai ;
9:   **Sinon**
10:     **Begin**
11:     Transférer $R$ de $Open$ à $Clist$ ;
12:     Construire tous les rectangles guillotines $Q$ tels que :
13:     i. $Q$ est une construction horizontale ou verticale de quelques sous-rectangles (incluant $R$) de $Clist$ ;
14:     ii. $Q \leq (L, W)$ ;
15:     iii. $Q$ satisfait la contrainte de demande ;
16:     Mettre tous les rectangles $Q$ avec les valeurs des fonction $g, f', h'$ dans la liste $Open$ ;
17:     **End**
18: **Jusqu'à** Terminer
19: Retourner $R$
20: **End**

---

#### 2.4.2.2 Résolution par séparation et évaluation

Pour le problème de découpe contraint à deux dimension, Hifi et M'Halla [51] ont proposé un algorithme exact basé sur la procédure de branch and bound et en utilisant la stratégie bottom-up. Cet algorithme utilise les mêmes étapes définies dans Hifi et Roucairol [49]. Cependant, ils ont utilisé différentes bornes inférieures et ils ont introduit de nouvelles bornes supérieures ainsi que de nouvelles stratégies d'élagage. L'algorithme proposé commence par calculer une borne inférieure initiale, puis construit un ensemble de (sous) bandes verticales ou horizontales et calcule de nouvelles bornes supérieures et enfin il combine ces (sous) bandes pour produire une solution optimale pour le problème de découpe. À l'étape de combinaison de (sous) bandes, l'algorithme utilise de nouvelles stratégies d'élagage afin d'éviter les duplications de plans de découpe.

On peut citer également la méthode proposée par Hifi et Saadi dans [70] pour le problème de découpe double contraint à deux dimensions. Cette méthode réalise des constructions par pièces d'un plan de découpe optimal. L'exploration de l'espace de recherche permet dans cette méthode de gérer les duplications et les dominances. Comme toute méthode de séparation et évaluation, cette méthode utilise une borne supérieure et une borne inférieure pour réduire l'espace de recherche.

### 2.4.2.3   Programmation linéaire en nombre entier

Pour le problème de découpe contraint à deux dimensions, Lodi et Monaci [4] ont proposé deux nouveaux modèles de programmation linéaire en nombre entier pour le problème de découpe à deux dimensions 2TDK (Two-Staged Two-Dimensional Cutting Problem). Ils ont testé les deux modèles en utilisant l'algorithme de branch and bound sur plusieurs instances de la littérature. Ils ont ajouté des inégalités linéaires afin d'éliminer les symétries. Certains résultats obtenus dans la terminologie introduite dans [3] peuvent être utilisés pour le problème 2TDK (Two-Staged Two-Dimensional Cutting Problem). En particulier, il est également vrai que pour le problème 2TDK : pour toute solution optimale, il existe une solution équivalente dans laquelle le premier item (à gauche) découpé dans chaque bande est le plus haut item de cette bande. Cela nous permet d'envisager des solutions qui répondent seulement à cette condition et ce premier élément permet d'initialiser la bande.

Chaque item $i$ est caractérisé par une longueur $l_i$, une hauteur $w_i$, un profit $c_i$ et une demande $b_i$. Pour le premier modèle, ils considèrent que chaque item de type $i, i = 1, .., m$, il existe $b_i$ items identiques $j$ tel que $l_j = l_i, w_j = w_i$, $c_j = c_i$ et que $n = \sum_{i=1}^{m} b_i$. Les items sont ordonnés selon l'ordre suivant : $w_1 \geq w_2 \geq w_3 ... \geq w_n$. Le modèle démontre que $n$ bandes peuvent être initialisées en utilisant les $n$ items.
Soit une bande $k$, si elle est utilisée, elle est initialisée par l'item $k(k = 1, ..., n)$, donc la possibilité de découper les $n$ items de cette bande peut être exprimée par une variable binaire $x_{jk}$ comme suit :

$$x_{jk} = \begin{cases} 1 & \text{si l'item j est découpé de la bande k. (k=1,...,n ;j=k,...,n)} \\ 0 & \text{sinon} \end{cases}$$

Le modèle M1 est alors formulé comme suit :

$$\begin{cases} Max \sum_{j=1}^{n} c_j \sum_{k=1}^{j} x_{jk} \\ s.c \\ \sum_{k=1}^{j} x_{jk} \leq 1 & j = 1,...,n & (1) \\ \sum_{j=k+1}^{n} l_j x_{jk} \leq (L - l_k)x_{kk} & (k = 1,...,n-1) & (2) \\ \sum_{k=1}^{n} w_k x_{kk} \leq W & & (3) \\ x_{jk} \in \{0,1\} & (k = 1,...,n; j = k,...,n) \end{cases}$$

La fonction objectif maximise la somme des profits, alors que l'équation (1) garantit que chaque pièce est découpée une et une seule fois de la bande dont la hauteur est supérieure ou égale à la hauteur de l'item. L'équation (2) garantit que la contrainte sur la largeur des bandes est respectée. Cette équation garantit aussi que si l'item $k$ n'est pas découpé de la bande, celle-ci reste vide. L'équation (3) impose la contrainte sur la hauteur du rectangle initial.

Le deuxième modèle présenté par Lodi et Monaci [4] est un modèle à variables entières. Soit $\alpha_0 = 0, \alpha_i = \alpha_{i-1} + a_i$ et $n = \alpha_m$ ($a_i$ est la demande de la pièce de type $i$). Soit $\beta_k = Min\{i : \alpha_i \geq k\}$ la pièce d'initialisation de la bande $k$ avec $k = 1,...,n$. Soit $q_k$ qui dénote l'initialisation des bandes ($q_k = 1$, si la bande $k$ est utilisée et si au moins une pièce de l'ensemble $\beta_k$ l'initialise). Soit $w_1 \geq w_2 \geq ... \geq w_m$ et $x_{ik}$ le nombre de pièces de type $i$ découpées de la bande $k, i > \beta_k$

Le modèle M2 est formulé comme suit :

$$\begin{cases} Max \sum_{i=1}^{m} c_j \sum_{k=1}^{\alpha_i} x_{ik} + \sum_{k=1}^{n} c_{\beta_k} \\ s.c \\ \sum_{k=1}^{\alpha_i} x_{ik} + \sum_{k=1}^{\alpha_i} \leq a_i & (1) \\ \sum_{i=\beta_k}^{m} l_i x_{ik} \leq (L - l_{\beta_k})q_k & (k = 1,...,n) & (2) \\ \sum_{k=1}^{n} w_{\beta_k} q_k \leq W & (3) \\ x_{ik} \in Z_+ & (\forall i, k = 1,...,\alpha_i) \\ q_k \in \beta ; (k = 1,...,n). \end{cases}$$

La fonction objectif maximise la somme des profits des bandes initialisées. L'équation (1) garantit que le nombre de pièces du type i utilisées dans les constructions de bandes est inférieur ou égale à la demande $a_i$, alors que l'équation (2) garantit que la contrainte sur la largeur des bandes est respectée. Finalement, l'équation (3) impose une contrainte sur la hauteur $W$ .

## 2.5   Conclusion

Dans ce chapitre, nous avons présenté quelques problèmes d'optimisation combinatoire. Nous avons présenté le problème de sac-à-dos et les problèmes de découpe/placement. Nous avons, ensuite présenté les méthodes constituant le point de départ de notre contribution que nous présenterons dans les chapitres suivants. Mais avant de décrire nos contributions dans la résolution séquentielle et parallèle du problème de découpe à deux dimensions et du problème de chargement de conteneurs, nous proposons dans le chapitre suivant quelques éléments liés au calcul parallèle.

# Chapitre 3

# Calcul parallèle, parallélisme et parallélisation : Notions de base

## Sommaire

## 3.1  Introduction

Les machines parallèles font actuellement l'objet de nombreux développements, à la fois dans la recherche et dans l'industrie. Reposant le plus souvent sur des composants standards, elles proposent de plus en plus des rapports (coût/efficacité) intéressants. Cette architecture a donné lieu à plusieurs études sur le concept du parallélisme. Vu l'intérêt économique de ce concept, plusieurs projets de recherche se sont inspirés du calcul parallèle afin de proposer des outils performants permettant de résoudre les problèmes jugés difficiles ou à grande taille à moindre coût.

Dans ce chapitre, nous présentons quelques notions de base du calcul parallèle afin de préparer le terrain pour nos contributions parallèles. Nous commençons par présenter d'une manière générale les architectures parallèles. Puis nous définissons le système Maître-esclave et le système pair à pair. Dans le système pair à pair, nous citons ces différentes architectures ainsi que ces caractéristiques. Ensuite, nous présentons les grilles informatiques et l'environnement décentralisé P2PDC. Puis, nous exposons la notion de granularité de parallélisation ainsi que quelques formules de calcul d'indices de performance des algorithmes parallèles. Enfin nous présentons quelques travaux parallèles sur les problèmes d'optimisation combinatoire.

## 3.2  Architectures parallèles

Dans cette section, nous présentons les architectures à mémoires partagée, les architectures à mémoires distribuée, les architectures mixtes, le paradigme maître-esclave et le paradigme pair à pair.

Une machine parallèle est essentiellement composée d'un ensemble de nœuds qui coopèrent et communiquent. Chaque nœud correspond à un processeur de calcul qui peut communiquer avec les autres processeurs. Le processeur est relié à un espace mémoire qui peut être partagé avec les autres nœuds. Flynn [57] distingue quatre types de machines selon le nombre de flot d'instructions et de données :

- Les machines SISD (Single Instruction Single Data) : Une seule instruction s'exécute sur une seule donnée à la fois. Ce type d'architecture correspond à une machine mono-processeur.
- Les machines SIMD (Single Instruction Multiple Data) : Les processeurs exécutent la même instruction sur des données différentes. Ce type de machine est utilisé pour des calculs spécialisés. Elles peuvent contenir plusieurs centaines de processeurs grâce à la simplicité de leur architecture.
- Les machines MISD (Multiple Instruction Single Data) : plusieurs instructions s'exécutent sur une seule donnée.

- Les machines MIMD (Multiple Instruction Multiple Data) : ce sont les machines les plus courantes aujourd'hui. Ce type d'architecture représente un système de processeurs autonomes où chacun exécute son propre flot d'instructions sur des flots de données différentes.

### 3.2.1   Architecture à mémoires partagée

L'architecture parallèle à mémoire partagée, ou multiprocesseurs, est composée d'un ensemble de processeurs ayant accès à une mémoire commune (voir figure 3.1). Les éléments matériels de la machine (processeurs, mémoires et disques) sont reliés par un bus. Cette architecture permet un accès rapide aux données et elle a été utilisée avec succès pour l'exploitation du traitement parallèle et l'échec d'un processeur n'entraîne pas la non-possibilité d'accès aux données. Ce type d'architecture n'est pas extensible. Elle est très attrayante pour un parallélisme modéré mais inutilisable pour exploiter le parallélisme massif.

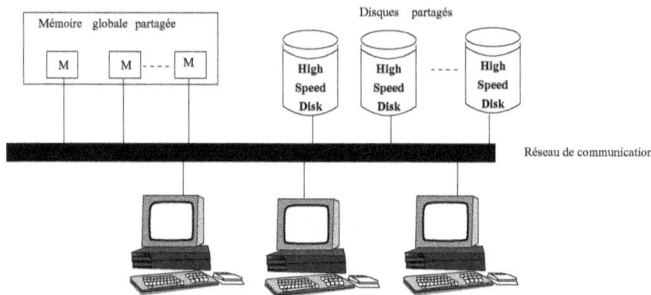

FIG. 3.1 – Architecture à mémoire partagée

### 3.2.2   Architecture à mémoire distribuée

Dans cette architecture, rien n'est partagé entre les processeurs à part le réseau d'interconnexion. Les différents nœuds de calcul sont définis par l'ensemble processeur-mémoire. Avec l'évolution des technologies en réseau informatique, les machines à mémoire distribuée ressemblent de plus en plus à des réseaux d'ordinateurs. Nous trouverons les termes de grappes de PC, ou en anglais " cluster" (voir figure 3.2). Cette architecture présente des caractéristiques d'extensibilité et de disponibilité très attirantes, mais elle est vulnérable aux problèmes d'échec de nœud et l'équilibrage de charge est complexe à contrôler.

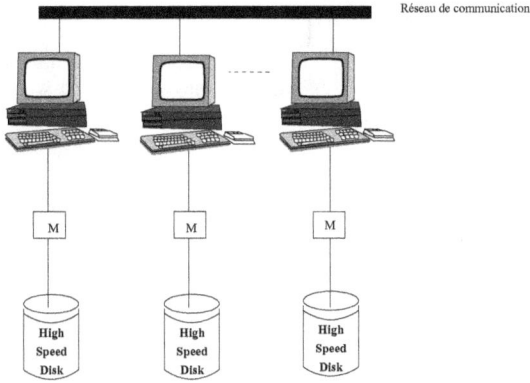

FIG. 3.2 – Architectures à mémoires distribuées

### 3.2.3  Architecture mixte

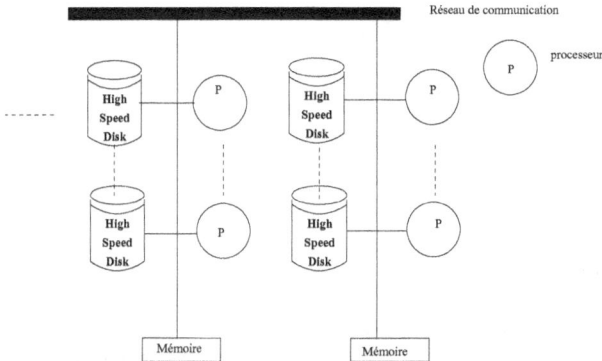

FIG. 3.3 – Architectures hybride

L'architecture mixte (appelée également hybride) est une combinaison des architectures à mémoire distribuée et à mémoire partagée (voir figure 3.3).

Le principe est de construire une machine à mémoire distribuée dont chaque nœud adopte une architecture parallèle à mémoire partagée à travers laquelle se font les communications entre les processeurs.

### 3.2.4   Le paradigme Maître-esclave

Le paradigme Maître-esclave est un modèle de fonctionnement logique d'un algorithme ou d'un programme sur une architecture parallèle. Il se compose de deux
entités : un composant maître et un ou plusieurs composants esclaves (voir figure 3.4).
Généralement dans ce modèle, le composant maître est responsable de la décomposi-
tion du problème en tâches plus petites ainsi que de leur répartition entre les esclaves.
Il collecte les résultats partiels envoyés par ces esclaves afin de produire le résultat final
du calcul (voir Christian Gagne et al [13]). Les composants esclaves s'exécutent dans
un cycle très simple : recevoir un message du maître avec la prochaine tâche, exécuter
la tâche et renvoyer le résultat au maître. La communication entre le maître et ces
esclaves engendre l'échange de messages qui peut entraîner la surcharge du maître.

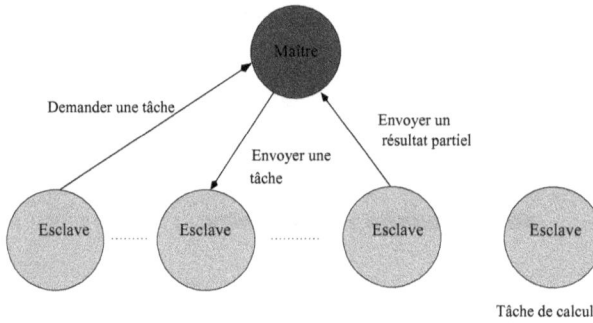

FIG. 3.4 – Architecture Maître-esclave

Utiliser ce paradigme dans des composants logiciels permet de fournir une abstrac-
tion de haut niveau de ces architectures matérielles, afin de faciliter leur programmation, ainsi que de rendre les applications portables sur ces différentes architectures.
Cependant, ceci ne permet pas de tenir compte du caractère dynamique de ces environnements. Parmi les environnements construits sur le paradigme maître-esclave, nous
trouvons le concept de DRM (Distributed Resource Management), qui est déjà présent
depuis 1988 pour des ressources hétérogènes distribuées grâce au projet Condor [15].

### 3.2.5   Le paradigme Pair à pair

Les premiers travaux sur les systèmes parallèles pair à pair (que nous allons noter
P2P dans la suite de cette thèse) sont apparus au début des années 1990 (voir Simon
[68] et Young [41]). Le concept (P2P) introduit une relation d'égal à égal entre deux

ordinateurs. Ce système parallèle tire parti des ressources matérielles ou humaines qui sont disponibles sur le réseau Internet et se focalise sur le partage des ressources ([72]), la décentralisation, la mobilité et les échecs de ressources. Ces systèmes sont bien adaptés dans un environnement où la circulation de l'information est égale. Les systèmes pair à pair sont motivés par :

- Un besoin croissant de ressources informatiques (espace disque, temps de calcul ...).
- Un besoin de faire du calcul massivement parallèle.
- Le profit qu'ils apportent aux entreprises (parc informatique souvent sous-utilisé).
- Vulnérabilité du modèle « client/serveur ».
- Travaux de collaboration entre personnes.

Le système pair à pair possède plusieurs définitions. Il peut se définir comme suit :

**Définition :** le terme pair-à-pair [56] se réfère à une classe de systèmes et d'applications qui utilisent des ressources distribuées afin de traiter une fonction dans d'une manière décentralisé.

Il dispose de plusieurs architectures. Depuis leur émergence à la fin des années 90, les systèmes pair à pair ont beaucoup évolués et se sont diversifiés dans leur architecture. Les réseaux pair à pair peuvent être classifiés en trois générations :

**I)** Première génération **"architecture centralisée"** :

La première génération de réseaux pair à pair est l'architecture centralisée qui est très similaire à l'architecture client/serveur (voir l'exemple Seti@home [66]). Dans ce modèle, un serveur central stable indexe tous les pairs du système et stocke les informations sur leur contenu. Lors de la réception d'une requête d'un pair, le serveur central choisit un autre pair dans son répertoire qui assortit la demande. Ensuite, des communications sont exécutées directement entre les deux pairs. En centralisant les informations, ce type d'architecture rend des algorithmes de recherche exhaustive particulièrement efficaces, en minimisant les communications. De plus, elle est plus facile à mettre en place. Cependant, la centralisation sur le serveur peut engendrer un goulot d'étranglement et un point faible du système : quand le nombre de pairs et de requêtes augmente, il a besoin d'une machine très puissante et d'une très grande bande passante ; si le serveur tombe en panne ou est attaqué par un virus, alors tout le système s'effondre.

**II)** Deuxième génération **"architecture décentralisée"** :

La deuxième génération de réseaux pair à pair correspond à des architectures décentralisées qui ne s'appuient sur aucun serveur (voir l'exemple Gnutella [18]). Chaque pair a exactement les mêmes possibilités et peut se comporter en tant que client ou serveur en même temps. Cette génération peut être divisée en deux classes : non-structurée et structurée. Dans la première classe, la topologie logique est souvent aléatoire. Chaque pair indexe ses propres ressources partagées. Une requête d'un pair inonde (broadcast) directement les pairs voisins, qui à leur tour inondent leurs voisins. Cette action est effectuée jusqu'à ce que la demande soit obtenu la réponse ou qu'un nombre maximum d'étapes d'inondation soit atteint. Dans la deuxième classe, la topologie logique est structurée comme anneau. Ces topologies structurées sont souvent construites en utilisant des tables de hachage distribuées (DHT). Chaque pair indexe une partie des ressources partagées du réseau et possède une partie de la table de hachage du système

**III)** Troisième génération **"architecture hybride"** :

La troisième génération de réseaux pair à pair correspond à des architectures hybrides qui associent à la fois l'architecture centralisée et décentralisé (voir l'exemple KaZaA [38]). Ce type d'architecture utilise plusieurs pairs (appelés super-pairs ou super-nœuds) qui ont la possibilité d'indexer et de contrôler un ensemble de pairs connectés au système. Un super-pair est connecté à d'autres super-pairs suivant le modèle de l'architecture décentralisée. Les super-pairs doivent rester suffisamment nombreux pour ne pas entraîner l'arrêt du système en cas de perte ou d'arrêt d'un super-pair. Par conséquent, si une recherche d'un pair n'est pas indexée par le super-pair auquel il est rattaché, celui-ci transmet alors la requête vers un autre super-pair

On distingue plusieurs caractéristiques sur le système pair à pair :

**I) Passage à l'échelle :**

Le passage à l'échelle d'un réseau de P2P est souvent décrit comme l'intérêt principal d'un tel réseau. Le problème de changement d'échelle est souvent défini par rapport à une taille variable des problèmes et non par rapport à la taille du système. Cependant, dans les réseaux, les problèmes liés au changement d'échelle sont à mettre, la plupart du temps, en parallèle avec la taille de ce réseau ; c'est-à-dire d'un point de vue topologique au nombre de nœuds et d'arcs du graphe représentant ce réseau.

**II) Robustesse :**

La robustesse, dans une vue générale, est la capacité du système à maintenir la stabilité quand une erreur se produit. Les erreurs dans un réseau pair à pair sont les échecs des pairs et des liens. Ces échecs peuvent se produire à cause de plusieurs raisons : attaques par des virus ou des malfaiteurs, l'utilisateur éteint la machine, la congestion du premier routeur d'IP, etc. Si nous voulons modéliser ceci avec l'aide de la théorie de graphe, une erreur peut être représentée par l'expulsion d'un nœud et de toutes ses arêtes entrant et sortant ou juste l'expulsion d'une arête.

**III) Performance :**

La performance est un souci significatif dans les systèmes pair à pair. Ces derniers visent à améliorer leur performance par l'agrégation de nouvelles capacités de stockage et des cycles de calcul provenant de dispositif hautement distribués. Cependant, en raison de la nature décentralisée de ces modèles, la performance est influencée par trois types de ressources : traitements, stockage et gestion du réseau. En particulier, les délais de communication sont très significatifs dans les réseaux à grande échelle. Dans ce cas, la bande passante est un facteur important lorsqu'il s'agit de propager un grand nombre de messages ou d'échanger plusieurs fichiers entre les pairs. Ceci limite aussi le passage à l'échelle du système.

## 3.3   Grille informatique

Dans cette section nous présentons la notion de grille de calcul. Ensuite, nous donnons un exemple de grille informatique "grid'5000" et nous décrivons l'environnement parallèle P2PDC installé sur cette grille de calcul.

Le concept de grille informatique a été introduit pour la première fois en 1999 par Ian Foster et Carl Kesselman dans leur livre (désormais célèbre) «The Grid : Blueprint for a New Computing Infrastructure» (voir [23]). Elle est définie comme une infrastructure massivement distribuée pour le calcul scientifique. Cette architecture devait permettre de centraliser différentes ressources distribuées géographiquement et reliées entre elles par des réseaux haut débit. Les différents composants de la grille sont variés. On retrouve des clusters, des supercalculateurs ou même des stations de travail permettant de répondre encore une fois à un besoin de calcul énorme ou de manipulation de grands volumes de données. Une grille devient donc une organisation virtuelle, regroupant plusieurs acteurs mettant en commun une partie de leurs ressources. Un exemple concret de grille informatique est GRID'5000 qui sera définie dans la section suivante (voir [30]).

### 3.3.1 GRID'5000

Il s'agit d'une plate-forme matérielle et logicielle, inter-connectant à très haut débit une dizaine de grappes de PC de grandes tailles. Chaque grappe peut comprendre 500 unités de calcul, d'où le total de 5000 qui donne le nom du code de projet GRID'5000 initialement proposé par Franck Cappello et al (voir [7]). La liste des sites est composée de Besançon, Bordeaux, Grenoble, Lille, Lyon, Nancy, Orsay, Rennes, Rocquencourt, Nice et Toulouse, soit onze villes couvrant le territoire national de façon complète. L'objectif principal du projet GRID'5000 est de donner aux chercheurs les moyens expérimentaux pour mener à bien des études dans le domaine des grilles. Les problèmes qui apparaissent avec cette nouvelle architecture sont souvent liées en premier à la gestion de ressources, plus précisément les problèmes d'ordonnancements. Et en second temps aux déploiements d'environnements. Pour le premier cas, il s'agit de déterminer pour un calcul, une allocation spatio-temporelle sur une plate-forme parallèle. Pour le second cas, il s'agit de déployer un environnement spécifique au calcul sur les machines dédiées, ce qui nécessite l'élaboration de nouveaux modèles et algorithmes.

### 3.3.2 Environnement P2PDC

L'environnement décentralisé P2PDC a été développé au laboratoire LAAS-CNRS à Toulouse par The Tung NGUYEN et Didier EL-BAZ dans le cadre du projet ANR-CIP [5]. Il a été conçu afin de faciliter la mise en œuvre sur réseau pair à pair de programmes écrits en C pour des applications de calcul à haute performance (voir Nguyen et al [71]). P2PDC repose sur le protocole de communication auto-adaptatif P2PSAP (voir [9]). Ce protocole est dédié aux applications de calcul intensif et organise les pairs dans un sous-réseau en cluster. Et au cours de fonctionnement, il peut basculer dynamiquement entre les modes de communication appropriés au changement du contexte d'exécution. Il est conçu à partir du cadre général CACTUS (voir [35]) qui offre beaucoup de souplesse pour la conception de protocoles de communication. Cactus est basé sur l'utilisation de micro-protocoles qui peuvent être combinés afin de constituer un protocole de communication. Le protocole P2PSAP dédié au calcul intensif pair à pair présente de nombreux avantages.

- La possibilité d'avoir simultanément plusieurs modes de communication entre des pairs différents au sein d'une même application.
- La reconfiguration dynamique des canaux de communication en cours d'application. Cette reconfiguration peut intervenir en fonction d'impératifs au niveau algorithmique ou d'événements liés à l'évolution du contexte comme par exemple la topologie du réseau.

L'environnement P2PDC est conçu afin de faciliter l'utilisation et la programmation des plateformes réseau à des fins de calcul intensif comme la résolution de problèmes de simulation numérique ou d'optimisation au moyen de méthodes, itératives ou récursives.

Le modèle de programmation au sein de P2PDC repose sur l'utilisation de trois opérations de communication *P2P_Send*, *P2P_Receive* et *P2P$_W$ait*(). L'idée est de faciliter la programmation aux utilisateurs. Pour développer une application dans P2PDC, l'utilisateur écrit trois fonctions :

*Problem_Definition*() : Dans cette fonction, le programmeur définit le problème en indiquant le nombre de données, le nombre de tâches et le nombre de pairs nécessaires au calcul.

*Calculate*() : dans cette fonction, le programmeur écrit le code des tâches et peut utiliser les communicateurs *P2P_Send P2P_Receive* afin de réaliser l'échange d'informations entre les pairs. À la fin de cette fonction, le résultat de la tâche doit être dans le champ résultat et la taille du résultat dans le champ result_size.

*Results_Aggregation*() : fonction qui contient les résultats de toutes les tâches.

Nous notons que dans ce modèle de programmation, contrairement à MPI, l'équilibrage de charge et tolérance aux fautes sont gérés par l'environnement P2PDC, cela réduit la quantité de travail fournie par l'utilisateur.

## 3.4  Granularité de parallélisation

Il s'agit de choisir la taille des tâches par rapport à la taille totale du programme. La taille d'une tâche est la quantité de calculs associés à cette tâche qui ne nécessite pas de communication avec les autres tâches. Dans un découpage à grain fin, le calcul est découpé en un grand nombre de tâches de petites tailles. Dans un découpage à gros grain, le calcul est découpé en un petit nombre de tâches. Le choix de granularité se fait en fonction de l'architecture choisie. L'architecture à mémoire partagée est bien adaptée à un parallélisme de grain fin grâce à la localité des données. Mais, ce choix n'est pas entièrement exploité à cause du nombre limité de processeurs. L'architecture à mémoire distribuée est mieux adaptée à un parallélisme de gros grain. Car, un grain trop fin dans cette architecture, peut entraîner trop de communications entre les processeurs.

## 3.5  Mesure de performances

Une fois que l'on a validé un algorithme parallèle, il est toujours instructif d'en évaluer les indices de performance afin de connaître le gain apporté par la parallélisation par rapport à l'algorithme séquentiel.

### 3.5.1 Accélération

L'accélération (Speed-Up) est définie comme le rapport du temps d'exécution séquentiel $T_{seq}$ sur le temps de l'exécution parallèle $Tp$ sur $p$ processeurs :

$$S_p = \frac{T_{seq}}{Tp}$$

On remarque que plus l'accélération est proche de un, plus l'accélération due à la parallélisation est nulle. Inversement, plus l'accélération est proche du nombre de cœurs présents et plus l'exécution parallèle est intéressante, car cela signifie que le travail a été correctement réparti entre les processeurs sans aucun coût supplémentaire (échanges de messages, synchronisation,...etc).

### 3.5.2 Efficacité

L'efficacité d'un algorithme parallèle est définie comme le rapport de l'accélération sur le nombre de processeurs.

$$E_p = \frac{S_p}{p} = \frac{T_{seq}}{p \times T_p}$$

Elle permet de mesurer le taux moyen d'utilisation des processeurs. Plus elle est proche de un, plus la parallélisation est bonne.

## 3.6 Langages de programmation parallèle

Dans cette partie, nous présentons le concept de programmation distribuée ainsi que quelques bibliothèques de communication parallèles.

### 3.6.1 Programmation distribuée

C'est l'approche la plus répandue pour la programmation parallèle. Elle implique la combinaison d'un langage séquentiel (usuellement C ou Fortran) avec une bibliothèque de communication par passage de messages comme (par exemple) MPI (Message Passing Interface) ou PVM (Parallel Virtual Machine). Ce style de programmation est évidemment très expressif, car le programmeur définit non seulement l'algorithme parallèle, mais aussi les détails de la réalisation des communications via des protocoles.

### 3.6.2 MPI

MPI (Message-Passing Interface) est une bibliothèque standardisée, dédiée à la mise en œuvre d'applications parallèles reposant sur le modèle d'échange de message (voir Gropp et al [73]). Le standard MPI supporte divers langages comme le fortran 90, le C, le C++ ou encore Java. Les implémentations du standard sont réalisées par les constructeurs de super-calculateurs. L'avantage majeur du standard MPI est la portabilité, car les spécifications des fonctions sont indépendantes des architectures. Il est devenu incontournable, car il est implémenté sur tous les super-calculateurs actuels. Cependant, MPI ne prend pas en compte la gestion dynamique des tâches. Le nombre de processeurs utilisés défini au lancement du programme, ne peut être modifié pendant l'exécution. Dans le modèle de programmation par échange de messages :

. Le programme est écrit dans un langage classique (C, C++,...etc).

. Chaque processus exécute des parties différentes du programme séquentiel.

. Toutes les variables du programme sont privées et résident dans la mémoire locale alloué à chaque processus.

. Les processus échangent les données et les résultats en utilisant les primitives offertes par MPI.

### 3.6.3  PVM

PVM (Parallel Virtual Machine)[70] a pour but de faciliter l'écriture d'applications parallèles sur un réseau de stations de travail hétérogène. L'utilisateur définit un ensemble de machines qui sera vu comme une seule grande machine multiprocesseur à mémoire distribuée. Le terme machine parallèle fait référence à cette machine multiprocesseur alors que le terme hôte se réfère à l'une des machines membre de l'ensemble. Cette approche permet le regroupement d'hôtes ayant des caractéristiques différentes (machine vectorielle, station graphique, station de travail, cluster, robot de stockage, etc). Les communications entre les hôtes se font avec PVM qui prend en charge les conversions de formats nécessaires entre deux machines n'ayant pas les mêmes représentations internes des données. PVM est également conçue pour pouvoir fonctionner avec différents types de réseaux.

## 3.7  Quelques travaux

Dans cette section, nous présentons d'une manière brève quelques travaux qui traitent la parallélisation de quelques problèmes d'optimisation combinatoire en utilisant le paradigme maître-esclave et le paradigme pair à pair.

Le calcul parallèle pair à pair a été utilisé dans plusieurs études scientifiques (nucléaire, bases de données, data mining, etc). Dans l'optimisation combinatoire, une implémentation parallèle de l'algorithme de Branch and Bound semblait un bon moyen pour résoudre les problèmes d'optimisation combinatoire. Des travaux antérieurs ont été menés à ce sujet tel que montré dans [1, 37, 42, 10].

Bendjoudi et al [2] ont appliqué une approche pair à pair au problème de branch and bound sur une grille de calcul Grid5000 afin de traiter le problème d'ordonnancement flow-shop, leurs approche est basée sur le codage de sous problèmes sous forme d'intervalles afin de minimiser les coûts de communication causées par l'équilibrage de charge, la détection de la terminaison et la tolérance aux fautes. Ils ont implémenté l'algorithme de branch and bound sous la plate forme proactive proposée par Caromel et al [17]. Djamai et al ont proposé une approche pair à pair afin de résoudre le problème d'ordonnancement "flow-shop" (voir [45]). Aida et Osumi [37] ont implémenté un algorithme de branch and bound parallèle dans une grille de calcul, l'application étudiée dans leur article est parallélisée en utilisant le paradigme maître-esclave hiérarchique. Hifi et al ont proposé un algorithme parallèle en se basant sur le paradigme maître-esclave qui permet de résoudre le problème de découpe à deux dimensions et à deux niveaux (voir [55]). Anstreicher et al [6] ont implémenté un algorithme parallèle sur une grille de calcul en se basant sur la parallélisation de l'algorithme de branch and bound en utilisant le paradigme maître-esclave afin de résoudre le problème d'affectation quadratique (QAP).

Des travaux récents ont été fait sur la conception de plates-formes parallèles, Caromel et al [16] présentent Grid'BnB qui est une plate forme Java qui permet aux programmeurs de distribuer des problèmes sur des grilles de calcul. Elle est construite sur le paradigme maître-esclave et elle fournit une communication transparente entre les tâches.

Dans cette thèse, nous nous sommes intéressé à la plateforme P2PDC développée au sein du laboratoire d'analyse et d'architecture des systèmes de Toulouse est déployée sur Grid'5000. Cette plate-forme offre des services de haut niveau dans la résolution parallèle pair à pair. L'environnement P2PDC est conçu à partir d'un protocole de communication auto adaptatif dédié au calcul.

## 3.8 Conclusion

Dans ce chapitre, nous avons présenté les principes fondamentaux du calcul parallèle et quelques architectures parallèles existantes, puis nous avons défini le paradigme Maître-esclave et pair à pair, ensuite nous avons donné les formules qui permettent, dans la littérature de mesurer les indices de performance d'un algorithme ou d'un programme parallèle. Nous avons présenté les environnements dédiés au calcul parallèle, que nous allons manipuler dans nos contributions parallèles. Enfin, nous avons présenté d'une manière brève quelques travaux parallèles permettant de traiter quelques problèmes d'optimisation combinatoire.

# CHAPITRE 4

# Méthode hybride pour le problème de découpe

## Sommaire

# 4.1   Introduction

Les méthodes hybrides sont des algorithmes de résolution qui combinent des algorithmes approchés ou des méthodes exactes. Ces méthodes représentent un outil assez puissant pour résoudre les problèmes combinatoires et offrent un processus de résolution efficace.

Plusieurs travaux ont été menés dans cette direction. Pour la résolution du problème de sac-à-dos, Cherfi et Hifi [58] présentent deux méthodes hybrides qui s'appuient principalement sur la génération de colonnes et les méthodes d'énumération implicite. Plateau et Elkihel [29] présentent une méthode hybride pour le problème de sac-à-dos en $(0, 1)$ et Sbihi [8] propose dans ses travaux de thèse des méthodes hybrides en optimisation combinatoire. Pour la résolution du problème de découpe, Alvarez-Valdes et al [64] proposent une méthode hybride notée "GRASP" (Greedy Randomized Adaptative Search Procedure). Dans cette méthode, il s'agit d'une procédure itérative qui peut être vue comme une approche hybride. Elle combine les principes des heuristiques gloutonnes, de la recherche aléatoire et des méthodes de voisinage.

Dans cette partie de thèse, nous proposons un algorithme hybride pour résoudre le problème de découpe à deux dimensions (voir [32]). Notre approche combine deux heuristiques : *GLBS* (Global Limited Beam-Serach) et l'algorithme *H-Cut*. Ces deux algorithmes sont hybridés afin d'accélérer le processus de recherche et d'améliorer la qualité des solutions réalisables obtenues. Nous expliquons les deux heuristiques utilisées dans la méthode hybride et nous montrons les mécanismes de coopération entre ces deux dernières. À la fin de ce chapitre, nous présentons une étude expérimentale sur plusieurs instances de la littérature et sur de nouvelles instances que nous avons généré pour analyser les performances de la méthode proposée.

# 4.2   La Méthode hybride *Hybrid-Cut*

Dans cette section, nous définissons l'instance de découpe que nous allons traiter dans ce chapitre. Nous présentons et analysons la méthode GBS d'une manière générale. Ensuite, nous proposons une méthode hybride *Hybrid-Cut* afin d'améliorer les performances de cette méthode. Nous présentons deux heuristiques *GLBS* et *H-Cut*, la première heuristique est une modification de la stratégie de recherche de la méthode GBS. La deuxième heuristique *H-Cut* est une stratégie de recherche simple. Le principe des deux heuristiques sera expliqué en détail dans les prochaines sous-sections.

## 4.2.1 Instance de découpe

Nous rappelons qu'une instance du problème de découpe à deux dimensions et à deux niveaux contraint consiste à découper à partir d'un grand rectangle $R(L, W)$ un certain nombre de pièces $i \in I = \{1, ..., n\}$, caractérisées par une longueur $l_i$, une hauteur $w_i$ et une borne supérieure $b_i$ dont la valeur n'est pas limitée. Ainsi la borne supérieure que nous pouvons déduire est $b_i = \lfloor \frac{L}{l_i} \rfloor \lfloor \frac{W}{w_i} \rfloor, i = 1, ..., n$. Les pièces possèdent un profit $c_i = l_i \times w_i$ qui est équivalent à leur surface, dans ce cas, le problème de maximisation est équivalent à un problème de minimisation de chutes (surface non utilisée). La fonction objectif peut se définir comme suit :

$$\begin{cases} Min \ f(X) = L \times W - \sum_{i=1}^{n} s_i x_i \\ s_i = l_i \times w_i, i = 1, ..., n \end{cases}$$

Où $x_i$ est le nombre d'occurrences de chaque pièce $i$ dans le plan $X$ et $f$ est définie par l'application : $f : \Gamma \rightarrow N$ tel que $\Gamma$ est un ensemble fini de vecteurs représentant les différents plans de découpe réalisables. $s_i, i = 1, .., n$ représente la surface de la pièce $i$.

## 4.2.2 GBS

*GBS* (Global Beam Search) est une heuristique conçue par la combinaison de la méthode de génération de bandes générales et l'algorithme de recherche par faisceau (voir Hifi et al [53]). L'analyse de cette méthode montre que la qualité de la solution s'améliore avec l'augmentation de la largeur du faisceau "$\beta$", mais le temps de calcul devient très coûteux quand $\beta$ dépasse un certain seuil. Elle donne de bons résultats pour les petites instances, cependant, le temps de calcul pour les instances extra-larges devient exorbitant. Nous notons que cette méthode est décrite en détail dans le deuxième chapitre.

## 4.2.3 Heuristique *GLBS*

Dans cette partie nous montrons les modifications apportées à la méthode GBS. Afin de réduire les temps de calcul de cette méthode, nous avons modifié le processus de recherche par l'introduction de deux paramètres (entiers positifs) : "$LMAX$" et "$PMAX$" :

- Le premier paramètre noté "$LMAX$" permet de limiter la génération de nœuds en largeur. En effet, nous divisons la valeur de "$r$", nombre de hauteurs distinctes des pièces par le paramètre "$LMAX$", ensuite nous prenons la partie inférieure entière. Cette limitation de bandes (nœuds) est appliquée sur chaque étape de génération de bandes.

• Le deuxième paramètre noté "$PMAX$" permet de limiter la profondeur de l'arbre de recherche. En effet, nous arrêtons le processus de recherche de la première heuristique à une certaine profondeur "$PMAX$". À chaque profondeur "$PMAX$" est associé une hauteur partielle du rectangle initial de dimensions $(L, W)$.

Nous rappelons que les bandes générales horizontales (ou respectivement verticales) représentent un ensemble de pièces placées l'une à coté de l'autre de telle sorte qu'il existe une ligne horizontale (respectivement verticale) qui touche toutes les pièces sur leurs longueurs (respectivement hauteurs) et l'ensemble des pièces la constituant n'ont pas toutes la même hauteur. Elles sont générées comme suit :

Nous considérons une instance de découpe à deux dimensions et à deux niveaux, la bande $(L, \bar{w}_j)$ avec $0 < \bar{w}_j \leq \psi$ est obtenue en appliquant une découpe guillotine sur la plaque rectangulaire $(L, \psi)$. Nous supposons que la première découpe est horizontale (nous considérons que le cas où la première découpe verticale est simple et consiste simplement à inverser les dimensions des pièces). La bande $(L, \bar{w}_j)$ est générée en fonction de la solution optimale du problème de sac-à-dos borné suivant :

$$K_{L,\bar{w}_j}^g = \begin{cases} f_{\bar{w}_j}(L) = max \sum_{i \in S_{\bar{w}_j}} c_i x_{ij} \\ s.c. \quad \sum_{i \in S_{\bar{w}_j}} l_i x_{ij} \leq L \\ x_{ij} \leq b'_i, x_{ij} \in N, i \in S_{\bar{w}_j} \end{cases}$$

$x_{ij}$ est le nombre de pièces de type $i$ apparaissant dans la bande générale $(L, \bar{w}_j)$ et $f_{\bar{w}_j}(L)$ est le profit de la bande générale. $b'_i$ représente la demande de la pièce de type $i$, initialement $b'_i = b_i$. $S_{\bar{w}_j} = \{i \in I, w_i \leq \bar{w}_j\}$ représente l'ensemble des pièces dont la hauteur est inférieure ou égale à $\bar{w}_j$.

Soit $w_1 \leq w_2 \leq w_3... \leq w_n$ l'ensemble des hauteurs de toutes les pièces triées dans l'ordre croissant de leurs hauteurs.
Nous définissons $W = \{\bar{w}_1, \bar{w}_2, ..., \bar{w}_r\}$ comme un ensemble de hauteurs distinctes tel que $\bar{w}_1 < \bar{w}_2... < \bar{w}_r$. Dans ce travail, nous réduisons l'ensemble $W$ à $W_{LMAX}$ tel que $W_{LMAX} = \{\bar{w}_1, \bar{w}_2, ..., w_{\lfloor \frac{r}{LMAX} \rfloor}\}$ et $\forall i \in \{1, ..., \lfloor \frac{r}{LMAX} \rfloor\}, w_i \in W_{LMAX}$.

Soit $\lfloor \frac{r}{LMAX} \rfloor$, le nombre de hauteurs distinctes des pièces et "$y$" le plus grand index de la pièce de hauteur $\bar{w}_y$, tel que : $\bar{w}_1 < \bar{w}_2... < \bar{w}_y$. La résolution du problème $K_{L,\bar{w}_y}^g$ en utilisant la programmation dynamique, donne la solution optimale de chaque problème $K_{L,\overline{w_j}}^g, j \leq y$.

Comme montré dans [53], l'adaptation de Beam Search au problème de découpe nécessite la définition des nœuds de l'arbre de recherche et du mécanisme de branchement. Dans ce cas, un nœud est représenté par un couple de sous-rectangles $(L, \psi - Y)$ et $(L, Y)$ avec $Y \leq \psi$. Le sous-rectangle $(L, \psi - Y)$ présente la solution réalisable locale, elle est construite par la combinaison de bandes. $(L, Y)$ est le sous-rectangle restant du rectangle $(L, \psi)$. Par conséquent, la racine de l'arbre est représentée par les deux sous-rectangles $(L, 0)$ et $(L, \psi)$.

L'algorithme démarre par la construction des bandes. Au niveau du nœud racine, aucune bande n'est découpée. Nous posons $b'_i = b_i, i \in I$, ensuite l'algorithme crée $\lfloor \frac{r}{LMAX} \rfloor$ bandes générales différentes $(L, \bar{w}_j), j \in J, J = \{\lfloor \frac{r}{LMAX} \rfloor, ..., 1\}$ par la résolution de $K^g_{L,\bar{w}_j}$. Chaque bande correspond à un nœud fils à développer. Pour effectuer un branchement sur le nœud $((L, \psi - Y), (L, Y))$ pendant la résolution, l'algorithme effectue les opérations suivantes :

1. calculer les nouvelles demandes $b'_i = b_i - v_i$, où $v_i$ est le nombre d'apparitions de la pièce du type $i$ dans la bande.

2. pour $j = \lfloor \frac{r}{LMAX} \rfloor, ..., 1$, résoudre $K^g_{L,\bar{w}_j}$.

3. pour chaque bande $(L, \bar{w}_j), j = 1, ..., \lfloor \frac{r}{LMAX} \rfloor$ et $\bar{w}_j \leq Y$,

   (a) découper la bande du sous-rectangle $(L, Y)$

   (b) obtenir les nouveaux nœuds $u_j = ((L, \psi - Y + \bar{w}_j), (L, Y - \bar{w}_j))$

   (c) calculer une évaluation globale du nouveau nœud $Z^{Global}_{u_j} = Z^{Local}_{u_j} + U_{(L,Y)}$ tel que :

   $Z^{Local}_{u_j}$ est la valeur de la solution réalisable locale du nœud $u_j$ associée au sous-rectangle $(L, \psi - Y)$, elle est définie comme la somme de profits des pièces placées dans le sous-rectangle $(L, \psi - Y)$. Elle est donnée par : $\sum_{i \in I} c_i v_i$, $v_i$ c'est le nombre de fois que la pièce de type $i$ apparait dans $(L, \psi - Y)$.

   $Z^{Global}_{u_j}$ du nœud $u_j = ((L, \psi - Y), (L, Y))$, $Y \leq \psi$, est définie par la combinaison :

   - $Z^{Local}_{u_j}$, solution réalisable locale du nœud $u_j$ et
   - $U_{(L,Y)}$, une borne supérieure pour le sous-rectangle complémentaire $(L, Y)$. Elle est définie comme suit :
     $$U_{(L,Y)} = \left\{ max \sum_{j \in J} f^g_{\bar{w}_j}(L) t_j \,\middle|\, \sum_{j \in J} \bar{w}_j t_j \leq Y, t_j \in N, j \in J \right\}, \text{ où } f^g_{\bar{w}_j}(L)$$
     représente le profit de la bande générale optimale $(L, \bar{w}_j)$ obtenu par la

résolution de $K^g_{L,\bar{w}_j}$. $t_j$ est une variable entière, elle définit le nombre d'occurrences de la bande générale $(L,\bar{w}_j)$ dans $(L,Y)$.

La valeur de $U_{(L,Y)}$ est obtenue en résolvant le problème de sac-à-dos défini en haut avec $Y = \psi$. Résoudre le problème de sac-à-dos par la programmation dynamique donne toutes les bornes supérieures $U_{(L,Y)}$ pour tous les sous-rectangles $(L,Y), y = 1, ..., \psi$.

(d) insérer dans la liste $N$ les meilleurs $\{\beta, |M|\}$ nœuds de $M$ selon la stratégie meilleur d'abord et mettre $M = \emptyset$ ;

---

**Algorithme 4** *GLBS*

---

1: **Begin**
2: $b'_i = b_i, i \in I$ ;
3: $M = \emptyset$ ;
4: $N = \{u = ((L,0),(L,\psi))\}$ ;
5: Résolution de $U_{(L,W)}$
6: **Phase itérative**
7: **Pour** chaque nœud $u$ de $N$ et $(profondeur - arbre) \le PMAX$

    a) Calculer la demande $b'_i = b_i - v_i$, $v_i$ est le nombre de fois que la pièce de type $i$ apparait dans $(L, \psi - Y)$ ;

    b) Brancher sur le nœud $u = ((L, \psi - Y),(L,Y))$ et générer $\lfloor \frac{r}{LMAX} \rfloor$ différentes bandes générales $(L, \bar{w}_j), j = \lfloor \frac{r}{LMAX} \rfloor, ..., 1$ par la résolution de $K^g_{L,\bar{w}_j}$ ;

    c) Pour chaque bande $(L, \bar{w}_j), j = 1, ..., \lfloor \frac{r}{LMAX} \rfloor$, créer un nœud $u_j = ((L, \psi - Y + \bar{w}_j),(L, Y - \bar{w}_j))$, calculer $Z^{Global}_{u_j} = Z^{Local}_{u_j} + U_{(L,Y)}$ et insérer $u_j$ dans $M$ ;

        1) Calculer $\eta = max_{u \in M}\{Z^{Global}_u\}$ ;
        2) Pour chaque nœud $u \in M$, calculer l'écart entre $\eta$ et $Z^{Local}_u$ ;
        3) Insérer dans $N$ les min $\{\beta, |M|\}$ nœuds de $M$ avec le plus grand écart et mettre $M = \emptyset$ ;
        4) profondeur-arbre++ ;

8: **Fin-pour**
9: Si $N = \emptyset$, alors retourner la meilleure solution partielle $Z^*_1$ ; sinon aller à la phase itérative ;
10: **End**

---

La méthode *GLBS* que nous décrivons dans l'algorithme 4, retourne une solution réalisable partielle notée $Z^*_1$.

### 4.2.4 Principe de la méthode *H-Cut*

La méthode *H-Cut* est une version simplifiée de la méthode SGA proposée dans [52]. Elle consiste à utiliser les pièces restantes de l'heuristique *GLBS* dans le but de remplir le sous-rectangle $(L, W - \psi)$. *H-Cut* consiste à construire pour chaque hauteur $w_i, i = 1, ..., m$, une bande $i$ sachant que $\bar{w}_1 < \bar{w}_2... < \bar{w}_m$ représente l'ensemble de hauteurs distinctes des pièces résiduelles de *GLBS*. La méthode *H-Cut* construit un nouveau problème de sac-à-dos à une dimension qu'elle va résoudre d'une manière exacte (par programmation dynamique ou par une méthode de séparation et évaluation). La méthode *H-Cut* renvoie une solution partielle $Z_2^*$. La description de cette méthode est donnée par l'algorithme 5.

---

**Algorithme 5** *H-Cut*

---

1: **Begin**
2: $b_i = b_i', i \in I$ ;
3: $W = \{\bar{w}_1, \bar{w}_2, ..., \bar{w}_m\}$ tel que $\bar{w}_1 < \bar{w}_2... < \bar{w}_m$ et $\forall i \in I, w_i \in W$ ;
4: **pour** $i = 1$ à $m$ faire

    a) Construire la pile $i$ de hauteur $\bar{w}_i$ ;

    b) Trier les pièces appartenant à la pile $i$ dans un ordre décroissant de la valeur $c_j/w_j$ ;

    c) Créer un petit problème de sac-à-dos $i$ avec la capacité $L$ ;

    d) Calculer la valeur objectif $z_i$ du problème de sac-à-dos $i$ en utilisant l'algorithme de branch and bound ;

    e) Mettre à jour les demandes des pièces ;

    f) Construire une nouvelle pièce $P_i$ qui est caractérisée par une hauteur $\bar{w}_i$, un profit $z_i$, une demande $t_i = 1$ et une longueur $l_i' = \sum l_j$ somme des longueurs des pièces placées dans la pile $i$ ;

5: **fin-pour**
6: Obtenir le problème de sac-à-dos suivant :
7: $K_{(L,W-\psi)} = \left\{ max \sum_{i \in I} z_i t_i \middle| \sum_{i \in I} \bar{w}_i t_i \leq W - \psi, t_i \in \{0,1\}, i \in I \right\}$
8: Résoudre $K_{(L,W-\psi)}$ en utilisant un algorithme de branch and bound et retourner la seconde solution partielle $Z_2^*$
9: **End**

---

### 4.2.5 Coopération et hybridation

Le principe de l'hybridation des deux précédentes méthodes peut être résumé dans les étapes suivantes :

- La solution du problème est donnée par la combinaison des deux heuristiques "$GLBS$" et "$H\text{-}Cut$".

- La méthode agit sur deux sous-rectangles complémentaires $(L, \psi), (L, W - \psi)$.

- La première heuristique remplit le premier sous-rectangle $(L, \psi)$ en se basant sur le principe de l'algorithme de recherche par faisceau (Beam Search) combiné avec une méthode de génération de bandes.

- La deuxième heuristique remplit le second sous-rectangle $(L, W - \psi)$ afin d'obtenir une solution réalisable.

La solution du problème initial est la somme des deux meilleures solutions partielles données par les deux heuristiques. La combinaison des deux heuristiques se fait au niveau des solutions obtenues pour chacun des sous-rectangles $(L, \psi - Y), (L, Y)$. Au cours des tests, nous faisons varier les valeurs des paramètres "$PMAX$" et "$LMAX$" afin d'analyser l'influence de ces paramètres sur la qualité des solutions et sur le temps de calcul. À la fin d'exécution des deux heuristiques, nous additionnons les deux meilleures solutions partielles retournées par ces dernières afin de produire la solution finale $Z^*$ pour le problème initial.

$$Z^* = Z_1^* + Z_2^*.$$

## 4.3   Partie expérimentale

Dans cette section, nous présentons les résultats numériques obtenus par l'approche hybride. L'objectif de ces expériences est double : (i) déterminer un meilleur compromis entre les solutions obtenues et le temps d'exécution, (ii) évaluer les performances de l'approche hybride en comparant les résultats obtenus. Cette comparaison se fait d'un côté par rapport aux résultats de la Méthode $GBS$ ([53]) et la méthode CGBS (voir le chapitre 2, section 2.4.1.6). D'un autre côté, nous les comparons aux résultats fournis par le solveur commercial Cplex v.9. La méthode hybride a été écrite en C++ et elle est exécutée sur un Intel(R)core (TM)Duo cpu p8600 (2,40 Ghz et 4,00 Go de mémoire RAM).

Dans cette partie expérimentale, nous utilisons 21 instances, qui correspondent à deux groupes. Le premier groupe contient six instances notées (UL1, UL2, UL3, WL1, WL2, WL3) extraites de Hifi et M'Hallah (voir [52, 53]). Le deuxième groupe contient 15 nouvelles instances non pondérées ($\forall i \in I, c_i = l_i \times w_i$) que nous avons généré à partir des instances (UL1, UL2, UL3). Les nouvelles instances sont notées : ($UL1\text{-}2, UL1\text{-}3, UL1\text{-}4, UL1\text{-}5, UL1\text{-}6, UL2\text{-}1, UL2\text{-}2, UL2\text{-}3, UL2\text{-}4, UL2\text{-}5, UL3\text{-}1, UL3\text{-}2, UL3\text{-}3, UL3\text{-}4, UL3\text{-}5$), elles représentent une concaténation d'instances (UL1, UL2, UL3) deux par deux. La longueur de chaque instance représente le maximum entre les deux longueurs des deux instances concaténées multiplié par un facteur $\rho \in [1.10; 1.50]$. La hauteur de chaque instance est le maximum entre les hauteurs des deux anciennes instances multiplié par un facteur $\rho \in [1.10; 1.50]$. Les détails de ces instances sont donnés dans la table 4.1. Le tableau présente la dimension du rectangle initial $(L, W)$ et le nombre de types de pièces de chaque nouvelle instance $n$. Nous notons que l'optimum de ces instances n'est pas connu.

| Instance | L | W | n |
|----------|-----|------|-----|
| UL1-2 | 1020 | 1082 | 222 |
| UL1-3 | 1113 | 1180 | 222 |
| UL1-4 | 1205 | 1278 | 222 |
| UL1-5 | 1298 | 1376 | 222 |
| UL1-6 | 1391 | 1475 | 222 |
| UL2-1 | 1121 | 1105 | 216 |
| UL2-2 | 1212 | 1206 | 216 |
| UL2-3 | 1324 | 1306 | 216 |
| UL2-4 | 1427 | 1407 | 216 |
| UL2-5 | 1529 | 1508 | 216 |
| UL3-1 | 1121 | 1105 | 260 |
| UL3-2 | 1212 | 1206 | 260 |
| UL3-3 | 1324 | 1306 | 260 |
| UL3-4 | 1427 | 1407 | 260 |
| UL3-5 | 1529 | 1508 | 260 |

TAB. 4.1 – Détails des instances

### 4.3.1 Résultats

En général, la résolution des problèmes d'optimisation combinatoire par des méthodes approchées implique l'utilisation de plusieurs paramètres qui agissent sur la qualité des solutions obtenues ainsi que le temps de résolution. En effet, un bon ajustement des paramètres mène souvent à des solutions meilleures.

Notre méthode hybride utilise les paramètres "$LMAX$", "$PMAX$" et "$\beta$".

Le premier paramètre "$LMAX$" intervient dans la première heuristique $GLBS$. Il permet de limiter le nombre de nœuds générés à chaque niveau de l'arbre de recherche. Par exemple si le nombre total de bandes générées est : $r = 100$ et si $LMAX = 3$, alors le cardinal du sous ensemble de nœuds restants noté "$\omega$" est égale à $\omega = \lfloor \frac{100}{3} \rfloor = 33$.

Le second paramètre "$PMAX$" permet de limiter la profondeur de l'arbre de recherche dans $GLBS$, alors que le dernier paramètre représente la largeur du faisceau (nombre de nœuds sélectionnés par la méthode de recherche par faisceau).

Afin d'analyser le comportement de la méthode hybride, nous avons réalisé plusieurs tests expérimentales, où nous avons fait varier les valeurs des paramètres "$LMAX$", "$PMAX$" et "$\beta$" dans les intervalles $\{4,8\}$, $\{7,14\}$ et $\{2,4\}$ (respectivement). Les résultats montrent que les performances de la méthode sont meilleures pour les valeurs données dans les intervalles discrets, car dans ce cas, les deux heuristiques agissent sur deux rectangles de dimensions légèrement différentes. Nous limitons également le temps de résolution à 1800 secondes.

| Instance | $\beta = 2$ PMAX=7 | CPU(s) | $\beta = 2$ PMAX=14 | CPU(s) | $\beta = 4$ PMAX=7 | CPU(s) | $\beta = 4$ PMAX=14 | CPU(s) |
|----------|------|------|------|------|------|------|------|------|
| UL1-2 | 1099185 | 66 | 1098649 | 63 | 1099185* | 69 | 1098649 | 73 |
| UL1-3 | 1305342 | 191 | 1303612 | 183 | 1305342* | 198 | 1303612 | 198 |
| UL1-4 | 1533732 | 317 | 1532694 | 368 | 1533732* | 378 | 1532694 | 455 |
| UL1-5 | 1784221 | 311 | 1782287 | 466 | 1784221* | 409 | 1782287 | 654 |
| UL1-6 | 2045080 | 160 | 2043161 | 136 | 2045080* | 189 | 2043161 | 199 |
| UL2-1 | 1236363 | 6 | 1235379 | 4 | 1236363* | 7 | 1235379 | 6 |
| UL2-2 | 1458785 | 7 | 1458589 | 6 | 1458785* | 8 | 1458589 | 7 |
| UL2-3 | 1725269 | 3 | 1723911 | 4 | 1725269* | 4 | 1723911 | 4 |
| UL2-4 | 2001191 | 6 | 2000081 | 6 | 2001191* | 8 | 2000081 | 8 |
| UL2-5 | 2302033 | 3 | 2300388 | 3 | 2302033* | 3 | 2300388 | 4 |
| UL3-1 | 1236678 | 8 | 1235546 | 7 | 1236678* | 9 | 1235546 | 8 |
| UL3-2 | 1458843 | 8 | 1458640 | 7 | 1458843* | 9 | 1458640 | 9 |
| UL3-3 | 1726435 | 4 | 1725780 | 5 | 1726435* | 6 | 1725780 | 7 |
| UL3-4 | 2001888 | 8 | 2001157 | 10 | 2001888* | 11 | 2001157 | 12 |
| UL3-5 | 2302993 | 4 | 2301531 | 4 | 2302993* | 5 | 2301531 | 6 |
| CPU-moyen | | 73,47 | | 84,8 | | 87,13 | | 110 |

TAB. 4.2 – Performance de la méthode hybride avec première découpe horizontale et $\omega = \lfloor \frac{r}{8} \rfloor$.
*     Indique le cas dans lequel la méthode obtient la meilleure solution.

Le tableau 4.2 montre les résultats de la méthode hybride en commençant par une première découpe horizontale et en fixant le couple de paramètres $(\beta, LMAX)$ à $(2,8)$ et $(4,8)$ (respectivement). Le nombre de bandes générées à chaque niveau est égale à $\omega = \lfloor \frac{r}{8} \rfloor$ au maximum. La première colonne correspond aux instances dans tous les tableaux. Les colonnes 2, 4, 6 et 8 correspondent aux solutions obtenues en fixant les paramètres $(PMAX, \beta)$ à $(7,2)$, $(14,2)$, $(7,4)$ et $(14,4)$ (respectivement). Les colonnes 3, 5, 7 et 9 correspondent au temps de résolution nécessaire respectivement. La dernière ligne qui figure dans tous les tableaux donne la valeur $CPU-moyen$, le temps moyen d'exécution de $H-Cut$ sur toutes les instances.

À partir du tableau 4.2, nous pouvons remarquer que lorsque ($\beta = 2$) et ($LMAX = 8$) :

- La méthode hybride fournit des solutions en un temps moyen d'exécution égal à 73.47 secondes dans le cas ($PMAX = 7$) et 84.8 secondes lorsque ($PMAX = 14$). Dans ce cas, le temps de résolution est raisonnable.
- Dans le cas ($PMAX = 7$), la méthode fournit 15 meilleures solutions (sur 15 instances traitées) par rapport à l'utilisation de ($PMAX = 14$).

Lorsque ($\beta = 4$) et ($LMAX = 8$) :

- Le temps de résolution augmente par rapport au cas ($\beta = 2$), le temps d'exécution moyen est égal à $87, 13$ secondes dans le cas ($PMAX = 7$) et 110 secondes dans le cas ($PMAX = 14$).
- Dans le cas ($PMAX = 7$), la méthode fournit 15 (sur 15 instances) solutions meilleures que les solutions trouvées dans le cas ($PMAX = 14$), le temps de résolution dans le cas ($PMAX = 7$) est inférieur au temps de résolution consommé dans le cas ($PMAX = 14$).
- Les solutions trouvées pour toutes les instances dans le cas ($PMAX = 7, \beta = 4$) sont égales aux solutions trouvées dans le tableau 4.2 dans le cas ($PMAX = 7, \beta = 2$).

| Instance | $\beta = 2$ PMAX=7 | CPU(s) | $\beta = 2$ PMAX=14 | CPU(s) | $\beta = 4$ PMAX=7 | CPU(s) | $\beta = 4$ PMAX=14 | CPU(s) |
|---|---|---|---|---|---|---|---|---|
| UL1-2 | 1099185 | 494 | 1098399 | 816.16 | 1099185* | 546.86 | 1098891 | 1005 |
| UL1-3 | 1305814 | 444 | 1306759 | 427 | 1305814 | 1027 | 1306759* | 1039 |
| UL1-4 | 1534459 | 360 | 1533666 | 510 | 1534459* | 580 | 1533666 | 838 |
| UL1-5 | 1783858 | 178.04 | 1784191 | 577 | 1783858* | 693 | 1784191 | 1185 |
| UL1-6 | 2046083 | 585 | 2044781 | 1145 | 2046083* | 897 | 2044781 | ∘ |
| UL2-1 | 1236363 | 10 | 1235646 | 13 | 1236363* | 18 | 1235646 | 24 |
| UL2-2 | 1458785 | 66 | 1458671 | 119 | 1458785* | 119.22 | 1458671 | 214 |
| UL2-3 | 1725097 | 69 | 1724982 | 124 | 1725097* | 143 | 1724982 | 235.20 |
| UL2-4 | 2001191 | 27 | 2000966 | 40 | 2001191* | 53 | 2000966 | 76 |
| UL2-5 | 2302033 | 44 | 2301542 | 58 | 2302211* | 76 | 2301542 | 198 |
| UL3-1 | 1236678 | 41 | 1235788 | 65 | 1236678* | 81 | 1235788 | 126 |
| UL3-2 | 1458843 | 101 | 1458640 | 165 | 1458843* | 191 | 1458640 | 318 |
| UL3-3 | 1726432 | 2.75 | 1725996 | 156 | 1726432* | 190 | 1725996 | 306 |
| UL3-4 | 2002294 | 30 | 2002297 | 46 | 2002294 | 61 | 2002297* | 87 |
| UL3-5 | 2303032 | 2.55 | 2302616 | 111 | 2303150* | 128 | 2302616 | 202 |
| CPU-moyen | | 186,07 | | 237,07 | | 322,33 | | 510,8 |

TAB. 4.3 – Performance de la méthode hybride avec première découpe horizontale et $\omega = \lfloor \frac{r}{4} \rfloor$.

\*     Indique le cas dans lequel la méthode obtient la meilleure solution.

La table 4.3 montre les résultats de la méthode hybride en commençant par une première découpe horizontale et en fixant le couple de paramètres ($\beta, LMAX$) aux valeurs $(2, 4)$ et $(4, 4)$ respectivement (le nombre de bandes générées à chaque niveau est égal à $\omega = \lfloor \frac{r}{4} \rfloor$ au maximum ce qui présente le double de nœuds générés dans le cas où ($LMAX = 8$)). Les colonnes 2, 4, 6 et 8 correspondent aux solutions obtenues en fixant les paramètres ($PMAX, \beta$) à $(7, 2)$, $(14, 2)$, $(7, 4)$ et $(14, 4)$, respectivement. Les colonnes 3, 5, 7 et 9 correspondent au temps de résolution nécessaire respectivement.

À partir du tableau 4.3, nous pouvons remarquer que lorsque ($\beta = 2$) et ($LMAX = 4$) :

- La méthode hybride fournit des solutions dans un temps de résolution important et supérieur au temps de résolution consommé dans la table 4.2.
- Le temps moyen de résolution dans le cas ($PMAX = 7$) est égal à $186, 07$ secondes, il est inférieur au temps de résolution moyen donné dans le cas ($PMAX = 14$) qui est égal à $237, 07$ secondes.
- Lorsque ($PMAX = 7$), la méthode fournit des solutions supérieures ou égales aux solutions trouvées dans la table 4.2 lorsque ($LMAX = 8, PMAX = 7, \beta = 2$) sauf pour les instances *UL1-5*, *UL2-3* et *UL3-3*.
- Lorsque ($PMAX = 14$), la méthode fournit des solutions supérieures ou égales aux solutions trouvées dans la table 4.2 lorsque ($LMAX = 8, PMAX = 14, \beta = 4$) sauf pour l'instance *UL1-2* .

Lorsque ($\beta = 4$) et ($LMAX = 4$) :

- La méthode hybride fournit des solutions au bout d'un temps de résolution important et largement supérieur au temps de résolution noté dans la table 4.2 avec un temps d'exécution moyen égal à $322, 33$ secondes dans le cas où ($PMAX = 7$) et $510, 8$ secondes dans le cas ($PMAX = 14$) .
- Pour le cas ($PMAX = 7$), la méthode hybride obtient de meilleures solutions pour les instances *UL2-5* et *UL3-5* par rapport au cas : ($PMAX = 7, \beta = 2$) .
- Lorsque ($PMAX = 7$), la méthode fournit 13 meilleures solutions (sur 15 instances) que les solutions trouvées dans le cas ($PMAX = 14$).
- Lorsque ($PMAX = 14$), la méthode fournit des solutions supérieures ou égales aux solutions trouvées dans la table 4.2 lorsque ($LMAX = 8, PMAX = 14, \beta = 4$).
- Lorsque ($PMAX = 7$), la méthode fournit des solutions supérieures ou égales aux solutions trouvées dans la table 4.2 lorsque ($LMAX = 8, PMAX = 7, \beta = 4$) sauf pour les instances *UL1-5*, *UL2-3* et *UL3-3*.

La table 4.4 présente les résultats de la méthode hybride en commençant par une première découpe verticale et en fixant le couple de paramètres ($\beta, LMAX$) à $(2, 8)$ et $(4, 8)$ respectivement. Les colonnes 2, 4, 6 et 8 correspondent aux solutions obtenues en fixant les paramètres ($PMAX, \beta$) à $(7, 2)$, $(14, 2)$, $(7, 4)$ et $(14, 4)$, respectivement. Les colonnes 3, 5, 7 et 9 correspondent au temps de résolution nécessaire respectivement.

À partir du tableau 4.4, nous pouvons remarquer que lorsque $(\beta = 2)$ et $(LMAX = 8)$ :

- La méthode hybride fournit des solutions dans un temps de résolution moyen égal à 173,8 secondes dans le cas $(PMAX = 7)$ et à 236,93 secondes lorsque $(PMAX = 14)$, il est supérieur au cas précédant.
- Dans le cas $(PMAX = 7)$, la méthode fournit 15 solutions (sur 15 instances) meilleures que les solutions fournies dans le cas $(PMAX = 14)$.

Lorsque $(\beta = 4)$ et $(LMAX = 8)$ :

- Le temps d'exécution moyen vaut 233,2 lorsque $(PMAX = 7)$ et 244,53 pour la profondeur $(PMAX = 14)$. Il est supérieur aux temps d'exécution moyen trouvés dans le cas : $(\beta = 2)$.
- Dans le cas $(PMAX = 7)$, la méthode fournit 15 solutions (sur 15 instances) supérieures ou égales aux solutions fournies dans le cas $(PMAX = 14)$.
- Les solutions fournies pour les profondeurs $(PMAX = 7)$ et $(PMAX = 14)$ sont supérieures ou égales aux solutions fournies dans le cas où $(\beta = 2)$.

| Instance | $\beta = 2$ PMAX=7 | CPU(s) | $\beta = 2$ PMAX=14 | CPU(s) | $\beta = 4$ PMAX=7 | CPU(s) | $\beta = 4$ PMAX=14 | CPU(s) |
|---|---|---|---|---|---|---|---|---|
| UL1-2 | 1100619 | 202 | 1094895 | 279 | 1100619* | 219 | 1094895 | 348 |
| UL1-3 | 1307940 | 572 | 1300853 | 557 | 1307940* | 583 | 1300853 | 565 |
| UL1-4 | 1533414 | 813 | 1523263 | 783 | 1533414* | 856 | 1523793 | 809 |
| UL1-5 | 1779007 | 636 | 1769331 | 1067 | 1779440* | 1053 | 1769331 | 1102 |
| UL1-6 | 2041594 | 346 | 2027703 | 747 | 2041594* | 717 | 2029141 | 724 |
| UL2-1 | 1236153 | 2 | 1229196 | 5 | 1236153* | 3 | 1229196 | 7 |
| UL2-2 | 1459329 | 2 | 1454500 | 3 | 1459329* | 4 | 1459329 | 4 |
| UL2-3 | 1722232 | 2 | 1715009 | 4 | 1722941* | 4 | 1717034 | 4 |
| UL2-4 | 2001615 | 2 | 1994046 | 3 | 2001769* | 3 | 1994046 | 3 |
| UL2-5 | 2299389 | 2 | 2290368 | 4 | 2299389* | 7 | 2290368 | 9 |
| UL3-1 | 1237584 | 3 | 1234445 | 25 | 1237584* | 14 | 1234445 | 13 |
| UL3-2 | 1460898 | 8 | 1457107 | 45 | 1460898* | 12 | 1457107 | 36 |
| UL3-3 | 1726939 | 6 | 1725057 | 15 | 1726939* | 10 | 1725057 | 16 |
| UL3-4 | 2006324 | 4 | 2002239 | 5 | 2006324* | 6 | 2002239 | 14 |
| UL3-5 | 2303487 | 7 | 2298726 | 12 | 2303487* | 8 | 2298726 | 14 |
| CPU-moyen | | 173,8 | | 236,93 | | 233,2 | | 244,53 |

TAB. 4.4 – Performance de la méthode hybride avec première découpe verticale et $\omega = \lfloor \frac{r}{8} \rfloor$.
* Indique le cas dans lequel la méthode obtient la meilleure solution.

Dans la table 4.5, nous présentons les résultats de la méthode hybride en commençant par une première découpe verticale et en fixant le couple de paramètres $(\beta, LMAX)$ à $(2, 4)$ et $(4, 4)$ respectivement. Les colonnes 2, 4, 6 et 8 correspondent aux solutions obtenues en fixant les paramètres $(PMAX, \beta)$ à $(7, 2)$, $(14, 2)$, $(7, 4)$ et $(14, 4)$, respectivement. Les colonnes 3, 5, 7 et 9 correspondent au temps de résolution nécessaire respectivement.

À partir du tableau 4.5, nous pouvons remarquer que lorsque $(\beta = 2, LMAX = 4)$ :
- La méthode hybride fournit des solutions dans un temps de résolution supérieur au temps de résolution donné dans les tables 4.4, le temps d'exécution moyen pour le cas $PMAX = 7$ est égal à 260,47 secondes et à 279,33 secondes pour le cas $(PMAX = 14)$.
- Dans le cas $(PMAX = 7)$, la méthode fournit 15 solutions (sur 15 instances) meilleures que les solutions fournies dans le cas $(PMAX = 14)$.

Lorsque $(\beta = 4, LMAX = 4)$ :
- Dans le cas $(PMAX = 7)$, la méthode fournit 15 solutions (sur 15 instances) meilleures que les solutions fournies dans le cas $(PMAX = 14)$.
- Le temps de résolution dans le cas $PMAX = 7$ est inférieur au temps de résolution trouvé dans les cas $PMAX = 14$.
- Pour la majorité des instances et dans les deux profondeurs, les solutions sont supérieures ou égales aux solutions données dans le tableau précédent.

| Instance | $\beta = 2$ PMAX=7 | CPU(s) | $\beta = 2$ PMAX=14 | CPU(s) | $\beta = 4$ PMAX=7 | CPU(s) | $\beta = 4$ PMAX=14 | CPU(s) |
|---|---|---|---|---|---|---|---|---|
| UL1-2 | 1101013 | 314 | 1098781 | 342 | 1101013* | 453 | 1098781 | 548 |
| UL1-3 | 1310634 | 552 | 1305927 | 492 | 1310634* | 603 | 1306530 | 1649 |
| UL1-4 | 1536095 | 892 | 1531327 | 692 | 1536095* | 986 | 1532773 | 729 |
| UL1-5 | 1779007 | 982 | 1769331 | 1237 | 1779440* | 1433 | 1769331 | 1504 |
| UL1-6 | 2041594 | 706 | 2027703 | 1032 | 2041594* | 1529 | 2029141 | 1731 |
| UL2-1 | 1237597 | 18 | 1231288 | 23 | 1237597* | 34 | 1231288 | 36 |
| UL2-2 | 1460362 | 13 | 1458480 | 17 | 1460362* | 20 | 1458480 | 34 |
| UL2-3 | 1725004 | 31 | 1722006 | 37 | 1725004* | 55 | 1722006 | 74 |
| UL2-4 | 2004662 | 18 | 2000882 | 26 | 2005945* | 31 | 2000882 | 58 |
| UL2-5 | 2302622 | 32 | 2299427 | 45 | 2302622* | 58 | 2299427 | 93 |
| UL3-1 | 1238263 | 102 | 1234445 | 13 | 1238263* | 140 | 1237156 | 149 |
| UL3-2 | 1461336 | 46 | 1457107 | 36 | 1461386* | 76 | 1460157 | 94 |
| UL3-3 | 1727233 | 61 | 1725057 | 16 | 1727233* | 120 | 1726634 | 167 |
| UL3-4 | 2007111 | 83 | 2005894 | 114 | 2007111* | 147 | 2005894 | 229 |
| UL3-5 | 2303925 | 57 | 2303062 | 68 | 2303925* | 117 | 2303062 | 158 |
| CPU-moyen | | 260,47 | | 279,33 | | 386,8 | | 478,33 |

TAB. 4.5 – Performance de la méthode hybride avec première découpe verticale et $\omega = \lfloor \frac{r}{4} \rfloor$.
* Indique le cas dans lequel la méthode obtient la meilleure solution.
o Indique que la méthode atteint le temps de résolution limite.

À partir des résultats, nous constatons que :
1. Lorsque nous diminuons la valeur du paramètre "$LMAX$", le temps de résolution augmente et cela est dû au fait que le nombre de nœuds générés à chaque niveau a augmenté, ce qui engendre plus de traitements et de calculs.

2. Lorsque nous diminuons la valeur du paramètre "$LMAX$". La qualité de solution s'améliore dans la majorité des instances. Nous expliquons cette constatation par le fait que nous générons plus de nœuds pendant la phase de génération, ce qui permet d'élargir l'espace de recherche.

3. Lorsque nous augmentons la valeur du paramètre $\beta$, la qualité de la solution peut s'améliorer sur quelques instances, cependant le temps de calcul augmente. Dans ce cas, nous explorons plus de nœuds par niveau.

4. Lorsque $PMAX = 7$, pour la majorité des instances, la méthode trouve une solution au bout d'un temps de résolution inférieur au temps de résolution donné dans le cas où $PMAX = 14$. Cela est expliqué par le fait que plus nous limitons la profondeur de l'arbre de recherche, plus nous limitons le processus de résolution de la première heuristique $GLBS$, cette heuristique est coûteuse en terme de temps de calcul, cependant, la deuxième heuristique nécessite moins de temps de calcul.

5. Lorsque $PMAX = 7$, La méthode fournit de meilleures solutions, ceci est expliqué par le fait que plus nous diminuons la profondeur de l'arbre de recherche, plus nous limitons le processus de résolution de la première heuristique qui est une résolution partielle de l'espace de recherche (nous générons qu'une partie de nœuds par chaque niveau). Cela nous permet de gagner en temps de calcul et de compléter la résolution par $H$-$Cut$.

Dans ce qui suit, nous présentons les performances de la méthode hybride dans les tables 4.6, 4.7,4.8 et 4.9 sur les deux groupes d'instances. Nous comparons ces résultats en terme de qualité de solution et temps de résolution par rapport à Cplex, la méthode GBS et la méthode CGBS.

#### 4.3.1.1   Premier groupe d'instances

La table 4.6 évalue les performances de la méthode hybride notée (HYBRID) en comparant ces solutions avec celles fournies par le solveur cplex, les méthodes GBS et CGBS. La colonne 1 contient les instances du premier groupe. Dans les colonnes 2 et 3, nous présentons les bornes supérieures fournies par le solveur cplex et par Gilmore et Gomory (respectivement). Les colonnes 4, 5, 6 et 7 correspondent aux meilleures solutions (Bornes inférieures LB) obtenues par le solveur Cplex, la méthode hybride notée (HYBRID) (en fixant les paramètres $(PMAX, \beta, LMAX)$ à $(7, 4, 4)$), la méthode GBS et la méthode CGBS (respectivement). Les colonnes 8, 9, 10 et 11 correspondent aux valeurs de la déviation (noté Gap) qui correspond à la différence entre la solution fournie par la méthode hybride et les méthodes cplex, GBS et CGBS (respectivement). Si la valeur $Gap > 0$ alors : la méthode hybride améliore la solution obtenue par les trois méthodes considérées.

La table 4.7 évalue les performances de la méthode hybride notée (HYBRID) en comparant les temps de calcul avec ceux fournis par le solveur cplex, les méthodes GBS et CGBS. Les colonnes 2, 3, 4, 5, 6 et 7 contiennent les mêmes informations que dans les colonnes (2, 3, 4, 5, 6 et 7) du tableau 4.6 (respectivement). Les colonnes 8, 9, 10 et 11 correspondent aux temps de résolution fournis par les méthodes cplex, GBS, CGBS et la méthode HYBRID (respectivement).

| Instance | UB | | LB | | | | GAP | | |
|---|---|---|---|---|---|---|---|---|---|
| | Cplex | G-G | Cplex | HYBRID | GBS | CGBS | HYBRID-Cplex | HYBRID-GBS | HYBRID-CGBS |
| *Horizontal* | | | | | | | | | |
| UL1 | 893628 | 891834 | 876682 | 889332 | 887393 | 887646 | 12650 | 1939 | 1686 |
| UL2 | 911241 | 909460 | 900923 | 907423 | 906237 | 906712 | 6500 | 1186 | 711 |
| UL3 | 1024095 | 1023161 | 1009031 | 1020344 | 1017575 | 1021124 | 11313 | 2769 | -780 |
| WL1 | 726252 | 735623 | 687786 | 685672 | 688840 | 689271 | -2114 | -3168 | -3599 |
| WL2 | 820362 | 826257 | 778028 | 782413 | 782566 | 782566 | 4385 | -153 | -153 |
| WL3 | 935502 | 945207 | 897373 | 883050 | 899890 | 899890 | -14323 | -16840 | -16840 |
| *Vertical* | | | | | | | | | |
| UL1 | 893628 | 892103 | 888762 | 891831 | 891516 | 891516 | 3069 | 315 | 315 |
| UL2 | 911241 | 910391 | 906600 | 908635 | 908982 | 908982 | 2035 | -347 | -347 |
| UL3 | 1024095 | 1023246 | 1018888 | 1020079 | 1022483 | 1022483 | 1191 | -2404 | -2404 |
| WL1 | 726198 | 726134 | 697164 | 686820 | 694657 | 697164 | -10344 | -7837 | -10344 |
| WL2 | 820327 | 828524 | 782149 | 779889 | 783836 | 783836 | -2260 | -3947 | -3947 |
| WL3 | 928263 | 941861 | 881931 | 884874 | 881931 | 890696 | 2943 | 2943 | -5822 |
| GAP-moyen | | | | | | | 1253,75 | -2128,67 | -3460,33 |

TAB. 4.6 – Comparaison entre les méthodes CPLEX, GBS, CGBS et la méthode hybride.

| Instance | $UB_{CPLEX}$ | $UB_{GG}$ | $LB_{CPLEX}$ | $LB_{Hybrid-cut}$ | $LB_{GBS}$ | $LB_{CGBS}$ | $CPU_{(CPLEX)}$ | $CPU_{(GBS)}$ | $CPU_{(CGBS)}$ | $CPU_{(HYBRID)}$ |
|---|---|---|---|---|---|---|---|---|---|---|
| | | | | | *Horizontal* | | | | | |
| UL1 | 893628 | 891834 | 876682 | 889332 | 887393 | 887646 | o | 138.56 | 114.00 | 29 |
| UL2 | 911241 | 909460 | 900923 | 907423 | 906237 | 906712 | o | 310.13 | 245.24 | 137 |
| UL3 | 1024095 | 1023161 | 1009031 | 1020344 | 1017575 | 1021124 | o | 279.58 | 347.89 | 316 |
| WL1 | 726252 | 735623 | 687786 | 685672 | 688840 | 689271 | o | 410.09 | 322.21 | 20 |
| WL2 | 820362 | 826257 | 778028 | 782413 | 782566 | 782566 | o | 454.76 | 314.74 | 58 |
| WL3 | 935502 | 945207 | 897373 | 883050 | 899890 | 899890 | o | 488.76 | 412.76 | 29 |
| | | | | | *Vertical* | | | | | |
| UL1 | 893628 | 892103 | 888762 | 891831 | 891516 | 891516 | o | 120.87 | 100.01 | 159 |
| UL2 | 911241 | 910391 | 906600 | 908635 | 908982 | 908982 | o | 210.41 | 115.54 | 175 |
| UL3 | 1024095 | 1023246 | 1018888 | 1020079 | 1022483 | 1022483 | o | 320.87 | 210.09 | 142 |
| WL1 | 726252 | 726134 | 697164 | 686820 | 694657 | 697164 | o | 340.89 | 301.12 | 32 |
| WL2 | 820362 | 828524 | 782149 | 779889 | 783836 | 783836 | o | 410.78 | 385.90 | 29 |
| WL3 | 935502 | 941861 | 881931 | 884874 | 883836 | 890696 | o | 456.81 | 352.24 | 77 |
| CPU-moyen | | | | | | | 1800 | 334.24 | 262.79 | 100,17 |

TAB. 4.7 – Comparaison de temps de calculs de CPLEX, GBS, CGBS et de la méthode hybride.

o    Indique que la méthode atteint le temps de résolution limite.

À partir des tableaux 4.6 et 4.7, nous pouvons remarquer que :

- La méthode hybride fournit 8 meilleures solutions (sur 12 instances traitées) par rapport à Cplex avec un $GAP - moyen$ de 1253,75.
- Les méthodes GBS et CGBS font mieux que la méthode hybride avec un $GAP - moyen$ de -2128,67 et -3460,33 (respectivement).
- La méthode hybride fournit des solutions en un temps moyen d'exécution égal à $100, 17$ secondes, cependant les méthodes GBS et CGBS fournissent des solutions au bout d'un temps moyen d'exécution égal à 334,24 secondes et à 262,79 secondes (respectivement). Pour le solveur cplex, le temps d'exécution moyen égal à 1800 secondes, il nécessite plus de temps de calcul.

À partir des résultats obtenus par le premier groupe d'instances, nous constatons que :

1. Globalement, la méthode hybride atteint des solutions meilleures que le solveur cplex. Cependant, les méthodes GBS et CGBS font mieux que la méthode hybride mais avec un temps d'exécution moyen supérieur à celui obtenu par la méthode hybride. Ceci est expliqué par le fait que dans la méthode hybride, la première heuristique $GLBS$ fait une exploration partielle de l'espace de recherche, ceci peut conduire à une perte de chemins menant à des meilleures solutions.

2. La méthode hybride trouve toutes les solutions en un temps de résolution moyen inférieur au temps de résolution moyen fourni par la méthode GBS, CGBS et Cplex. Ceci est normal, car dans la méthode hybride nous limitons le processus de résolution de la première heuristique $GLBS$ (coûteuse en termes de temps de calcul) et nous la combinant avec une deuxième heuristique qui nécessite moins de temps de résolution. Cependant, les méthodes GBS et CGBS résolvent le problème en se basant sur le même principe que la première heuristique de la méthode hybride sauf que l'introduction des paramètres ($LMAX, PMAX$) n'est pas prise en compte. La stratégie de recherche est lancée sur toute la profondeur de l'arbre et l'étape de génération de nœuds est lancée sur toute la largeur de l'arbre de recherche.

#### 4.3.1.2 Deuxième groupe d'instances

La table 4.8 montre les performances de la méthode hybride sur le deuxième groupe d'instances, en comparant ces résultats avec ceux fournis par le solveur cplex, les méthodes GBS et CGBS. Dans la colonne 1, sont données les nouvelles instances. Dans les colonnes 2 et 3, nous présentons les bornes supérieures fournies par le solveur cplex et par Gilmore et Gomory (respectivement). Les colonnes 4, 5, 6 et 7 correspondent aux meilleures solutions obtenues par le solveur Cplex, la méthode hybride notée (HYBRID) (en fixant les paramètres ($PMAX, \beta, LMAX$) à (7, 4, 4)), la méthode GBS et la méthode CGBS (respectivement). Les colonnes 8, 9, 10 et 11 correspondent aux valeurs de la déviation des méthodes cplex, GBS et CGBS par rapport à la méthode hybride (HYBRID) (respectivement).

La table 4.9 évalue les performances temporelles de la méthode hybride sur le deuxième groupe d'instances. Les colonnes 1, 2 , 3, 4, 5, 6 et 7 contiennent les mêmes informations que dans les colonnes (1, 2, 3, 4, 5, 6 et 7) du tableau 4.8 (respectivement). Les colonnes 8, 9, 10 et 11 correspondent aux temps de résolution fournis par les méthodes cplex, GBS, CGBS et la méthode HYBRID (respectivement).

| Instance | UB | | LB | | | | GAP | | |
|----------|------|------|------|------|------|------|------|------|------|
| Horizontal | Cplex | G-G | Cplex | HYBRID | GBS | CGBS | HYB-cplex | HYB-GBS | HYB-CGBS |
| UL1-2 | 1103640 | 1103352 | 1100906 | 1099185 | 696644 | 696644 | -1721 | 402541 | 402541 |
| UL1-3 | 1313340 | 1312412 | 1305711 | 1305814 | 443801 | 443801 | 103 | 862013 | 862013 |
| UL1-4 | 1539990 | 1539261 | 1532934 | 1534459 | 124694 | 124694 | 1525 | 1409765 | 1409765 |
| UL1-5 | 1786048 | 1785990 | 1783215 | 1783858 | 1768341 | 1768341 | 643 | 15517 | 15517 |
| UL1-6 | 2051725 | 2051725 | 2045041 | 2046083 | 1055535 | 1055535 | 1042 | 990548 | 990548 |
| UL2-1 | 1238705 | 1238038 | 1231601 | 1236363 | 1230486 | 1230486 | 4762 | 5877 | 5877 |
| UL2-2 | 1461672 | 1461653 | 1451518 | 1458785 | 1444978 | 1444978 | 7267 | 13807 | 13807 |
| UL2-3 | 1729144 | 1729144 | 1720204 | 1725097 | 1712102 | 1712102 | 4893 | 12995 | 12995 |
| UL2-4 | 2007789 | 2007276 | 1992130 | 2001191 | 1985533 | 1985533 | 9061 | 15658 | 15658 |
| UL2-5 | 2305732 | 2305256 | 2295687 | 2302211 | 2284997 | 2284997 | 6524 | 17214 | 17214 |
| UL3-1 | 1238705 | 1238038 | 1231878 | 1236678 | 1230651 | 1230651 | 4800 | 6027 | 6027 |
| UL3-2 | 1461672 | 1461653 | 1456407 | 1458843 | 1450396 | 1450396 | 2436 | 8447 | 8447 |
| UL3-3 | 1729144 | 1729144 | 1722294 | 1726432 | 1714676 | 1714676 | 4138 | 11756 | 11756 |
| UL3-4 | 2007789 | 2007376 | 1999588 | 2002294 | 1984207 | 1984207 | 2706 | 18087 | 18087 |
| UL3-5 | 2305732 | 2305514 | 2298543 | 2303150 | 2286652 | 2286652 | 4607 | 16498 | 16498 |
| Vertical | | | | | | | | | |
| UL1-2 | 1103640 | 1103316 | 1093909 | 1101013 | 0 | 0 | 7104 | 1101013 | 1101013 |
| UL1-3 | 1313340 | 1313072 | 1308075 | 1310634 | 0 | 0 | 2559 | 1310634 | 1310634 |
| UL1-4 | 1539990 | 1539819 | 1537219 | 1536492 | 0 | 0 | -727 | 1536492 | 1536492 |
| UL1-5 | 1786048 | 1786048 | 1781740 | 1779440 | 0 | 0 | -2300 | 1779440 | 1779440 |
| UL1-6 | 2051725 | 2050995 | 2045211 | 2041594 | 0 | 0 | -3617 | 2041594 | 2041594 |
| UL2-1 | 1238705 | 1238705 | 123595 | 1237597 | 1204219 | 1204219 | 1643 | 33378 | 33378 |
| UL2-2 | 1461672 | 1461672 | 1458837 | 1460362 | 1414853 | 1414853 | 1525 | 45509 | 45509 |
| UL2-3 | 1729144 | 1728514 | 1721466 | 1725004 | 1690659 | 1690659 | 3538 | 34345 | 34345 |
| UL2-4 | 2007789 | 2007789 | 2003640 | 2005945 | 1954164 | 1954164 | 2305 | 51781 | 51781 |
| UL2-5 | 2305732 | 2305557 | 2299201 | 2302622 | 2272128 | 2272128 | 3421 | 30494 | 30494 |
| UL3-1 | 1238705 | 1238705 | 1228638 | 1238263 | 1216171 | 1216171 | 9625 | 22092 | 22092 |
| UL3-2 | 1461672 | 1461672 | 1456903 | 1461386 | 1435671 | 1435671 | 4483 | 25715 | 25715 |
| UL3-3 | 1729144 | 1729075 | 1725176 | 1727233 | 1690659 | 1690659 | 2057 | 36574 | 36574 |
| UL3-4 | 2007789 | 2007789 | 2003550 | 2007111 | 1954164 | 1954164 | 3561 | 52947 | 52947 |
| UL3-5 | 2305732 | 2305732 | 2293261 | 2303925 | 2270913 | 2270913 | 10664 | 33012 | 33012 |
| GAP-moyen | | | | | | | 3287,57 | 398059 | 398059 |

TAB. 4.8 – Comparaison entre CPLEX, GBS, CGBS et la méthode HYBRID.

| Instance | UB | | LB | | | | CPU | | | |
|---|---|---|---|---|---|---|---|---|---|---|
| Horizontal | Cplex | G-G | Cplex | HYBRID | GBS | CGBS | Cplex | GBS | CGBS | HYBRID |
| UL1-2 | 1103640 | 1103352 | 1100906 | 1099185 | 696644 | 696644 | o | o | o | 568 |
| UL1-3 | 1313340 | 1312412 | 1305711 | 1305814 | 443801 | 443801 | o | o | o | 1027 |
| UL1-4 | 1539990 | 1539261 | 1532934 | 1534459 | 124694 | 124694 | o | o | o | 580 |
| UL1-5 | 1786048 | 1785990 | 1783215 | 1783858 | 1768341 | 1768341 | o | o | o | 693 |
| UL1-6 | 2051725 | 2051725 | 2045041 | 2046083 | 1055535 | 1055535 | o | o | o | 897 |
| UL2-1 | 1238705 | 1238038 | 1231601 | 1236363 | 1230486 | 1230486 | o | 145,59 | 141,59 | 18 |
| UL2-2 | 1461672 | 1461653 | 1451518 | 1458785 | 1444978 | 1444978 | o | 351 | 344 | 129 |
| UL2-3 | 1729144 | 1729144 | 1720204 | 1725097 | 1712102 | 1712102 | o | 363,53 | 303,07 | 143 |
| UL2-4 | 2007789 | 2007276 | 1992130 | 2001191 | 1985533 | 1985533 | o | 280,83 | 250,44 | 53 |
| UL2-5 | 2305732 | 2305256 | 2295687 | 2302211 | 2284997 | 2284997 | o | 761,82 | 700 | 76 |
| UL3-1 | 1238705 | 1238038 | 1231878 | 1236678 | 1230651 | 1230651 | o | 515,17 | 487,2 | 81 |
| UL3-2 | 1461672 | 1461653 | 1456407 | 1458843 | 1450396 | 1450396 | o | o | o | 191 |
| UL3-3 | 1729144 | 1729144 | 1722294 | 1726432 | 1714676 | 1714676 | o | 1790,43 | 1670,03 | 190 |
| UL3-4 | 1729144 | 2007376 | 1999588 | 2002294 | 1984207 | 1984207 | o | 1000.97 | 989 | 61 |
| UL3-5 | 2305732 | 2305514 | 2298543 | 2303150 | 2286652 | 2286652 | o | 1151 | 1091 | 128 |
| Vertical | | | | | | | | | | |
| UL1-2 | 1103640 | 1103316 | 1093909 | 1101013 | 0 | 0 | o | o | o | 568 |
| UL1-3 | 1313340 | 1313072 | 1308075 | 1310634 | 0 | 0 | o | o | o | 1027 |
| UL1-4 | 1539990 | 1539819 | 1537219 | 1536492 | 0 | 0 | o | o | o | 580 |
| UL1-5 | 1786048 | 1786048 | 1781740 | 1779440 | 0 | 0 | o | o | o | 693 |
| UL1-6 | 2051725 | 2050995 | 2045211 | 2041594 | 0 | 0 | o | o | o | 897 |
| UL2-1 | 1238705 | 1238705 | 123595 | 1237597 | 1204219 | 1204219 | o | 967.68 | 854.05 | 34 |
| UL2-2 | 1461672 | 1461672 | 1458837 | 1460362 | 1414853 | 1414853 | o | 1692.83 | 1621.02 | 20 |
| UL2-3 | 1729144 | 1728514 | 1721466 | 1725004 | 1690659 | 1690659 | o | 568.77 | 512 | 55 |
| UL2-4 | 2007789 | 2007789 | 2003640 | 2005945 | 1954164 | 1954164 | o | 256.77 | 223.83 | 31 |
| UL2-5 | 2305732 | 2305557 | 2299201 | 2302622 | 2272128 | 2272128 | o | 375.61 | 336.20 | 58 |
| UL3-1 | 1238705 | 1238705 | 1228638 | 1238263 | 1216171 | 1216171 | o | 1319.74 | 1287 | 140 |
| UL3-2 | 1461672 | 1461672 | 1456903 | 1461386 | 1435671 | 1435671 | o | o | o | 76 |
| UL3-3 | 1729144 | 1729075 | 1725176 | 1727233 | 1690659 | 1690659 | o | 811.50 | 795.32 | 120 |
| UL3-4 | 2007789 | 2007789 | 2003550 | 2007111 | 1954164 | 1954164 | o | 404.26 | 385 | 147 |
| UL3-5 | 2305732 | 2305732 | 2293261 | 2303925 | 2270913 | 2270913 | o | 786.39 | 712 | 117 |
| GAP-moyen | | | | | | | 1800 | 898,65 | 1015,74 | 354,57 |

TAB. 4.9 – Temps de calcul de CPLEX, GBS, CGBS et de la méthode HYBRID.

À partir des tableaux 4.8 et 4.9, nous pouvons remarquer que :

- La méthode hybride fournit 26 meilleures solutions (sur 30 instances traitées) par rapport à Cplex avec un $GAP - moyen$ de 3287,57.
- La méthode hybride améliore les solutions obtenues par les méthodes GBS et CGBS sur toutes les instances avec un $GAP - moyen$ de 398059 et 398059 (respectivement).
- Les méthodes GBS et CGBS ne fournissent pas de solutions pour les cinq premières instances lorsque la première découpe est verticale.
- La méthode hybride fournit des solutions en un temps moyen d'exécution égal à 354, 57 secondes, cependant les méthodes GBS et CGBS fournissent des

solutions au bout d'un temps moyen d'exécution égal à 898,65 secondes et à 1015,74 secondes (respectivement). Pour le solveur cplex, le temps d'exécution moyen égal à 1800 secondes.

À partir des résultats obtenus par le deuxième groupe d'instances, nous constatons que :

1. La méthode hybride fournit de meilleures solutions par rapport aux deux autres méthodes et par rapport au solveur Cplex, ceci est expliqué par le fait que plus nous diminuons la profondeur de l'arbre de recherche, plus nous limitons le processus de résolution de la première heuristique (qui est coûteuse en temps de résolution). Cela nous permet de gagner en temps de calcul et de compléter la résolution par *H-Cut* qui est une heuristique plus rapide. Les méthodes GBS et CGBS calculent la solution en utilisant le même principe que la première heuristique de la méthode hybride (heuristique coûteuse en temps), elles sont conçues par la combinaison de la méthode de génération de bandes générales et l'algorithme de recherche par faisceau. La différence avec la méthode hybride est qu'à chaque niveau de l'arbre de recherche, toutes les bandes sont générées et cela sur toute la profondeur de l'arbre de recherche (qui correspond à la hauteur initiale de rectangle $R(L, W)$).

2. La méthode hybride trouve toutes les solutions au bout d'un temps de résolution moyen inférieur au temps de résolution moyen fourni par la méthode GBS, CGBS et Cplex. Cela signifie que la stratégie de recherche utilisée dans la méthode hybride est plus rapide que celle utilisée dans les autres méthodes. Ceci est normal, car dans la méthode hybride nous limitons le processus de résolution par l'hybridation de l'heuristique *GLBS* et l'heuristique *H-Cut* qui nécessite moins de temps. Cependant, les méthodes GBS et CGBS résolvent le problème en se basant sur le même principe que la première heuristique de la méthode hybride sauf que l'introduction des paramètres (*LMAX, PMAX*) n'est pas prise en compte.

3. La méthode hybride fournit de bons résultats pour le deuxième groupe d'instances. Pour le premier groupe d'instances, les méthodes GBS et CGBS font mieux. Ceci est expliqué par le fait que la méthode hybride était proposée afin de résoudre les instances de très grandes tailles. L'hybridation est introduite dans le but d'accélérer le processus de recherche et d'obtenir une borne inférieure. Par conséquent, les méthode GBS et CGBS fournissent des solutions moins bonnes qu'aux solutions offertes par la méthode hybride, car ces deux dernières utilisent une stratégie de recherche nécessitant plus de temps de calcul pour trouver une bonne solution.

4  Globalement, l'hybridation de méthodes de recherche, peut conduire à l'obtention de bonnes solutions dans un temps de résolution raisonnable.

## 4.4 Conclusion

Dans ce chapitre, nous avons proposé un algorithme hybride pour résoudre le problème de découpe à deux dimensions. Cet algorithme est une hybridation de deux heuristiques : *GLBS* et *H-Cut*.

La première heuristique s'appuie sur le processus de recherche par faisceau avec l'utilisation de nouveaux paramètres ($PMAX, LMAX$), ils permettent la limitation au niveau de la profondeur et de la largeur de l'arbre de recherche. La seconde heuristique s'appuie sur l'utilisation de l'algorithme de branch and bound et une procédure de construction de piles. Nous avons mené une étude expérimentale sur deux groupes d'instances. Les résultats expérimentaux montrent que les paramètres "$PMAX$" et "$LMAX$" influent sur la stratégie de recherche, la qualité de solution et sur le temps de résolution. Les résultats montrent également que la méthode hybride améliore les résultats obtenus par les méthodes GBS, CGBS et cplex.

# CHAPITRE 5

# Méthode parallèle pair à pair pour le problème de découpe guillotine à deux dimensions

# 5.1   Introduction

Dans le chapitre précédent, nous avons proposé une approche séquentielle hybride pour résoudre le problème de découpe à deux dimensions, nous avons montré à travers une étude expérimentale que les méthodes hybrides fournissent de bonnes solutions en un temps d'exécution raisonnable. Cependant, l'étude comparative a montré que la méthode CGBS [53, 54]) reste coûteuse en temps de calcul pour résoudre le deuxième groupe d'instances.

Avec l'arrivée de l'Internet et son rôle actif croissant dans l'économie, l'informatique réseau n'a eu de cesse de trouver des innovations pour exploiter les ressources qu'un réseau de cette ampleur contient. D'où la naissance du calcul distribué pair à pair qui représente une approche économique et attractive pour le calcul massivement parallèle. Il a pour objectif d'accélérer l'exécution de calculs complexes, en répartissant le travail sur plusieurs processeurs. Cet outil permet aussi de traiter des problèmes nouveaux, d'apporter des solutions globales à des problèmes qui étaient abordés plus partiellement auparavant. Toutes ces raisons nous ont poussé à exploiter l'approche pair à pair afin de proposer une méthode parallèle basée sur la méthode CGBS et permettant de résoudre le problème de découpe à deux dimensions. Nous nous intéressons particulièrement à la résolution parallèle pair à pair sur l'environnement P2PDC (Peer-to-peer Demonstrator for Distributed high performance Computing).

Dans ce chapitre. Nous expliquons la méthode CGBS qui est un processus de résolution basé sur trois mécanismes : une stratégie de recherche par faisceau, une procédure de remplissage par bande et enfin, une borne supérieure qui permettra la réduction de l'espace de recherche. Puis, nous donnons le principe de fonctionnement de l'algorithme parallèle. Nous présentons également quelques éléments nécessaires au fonctionnement de notre algorithme sur la plate-forme P2PDC. À la fin de ce chapitre, nous évaluons les performances de l'algorithme sur plusieurs instances de la littérature.

# 5.2   Principe de CGBS

Dans cette section, nous présentons quelques procédures utilisées dans la méthode CGBS (Cooperative Global Beam Search, voir[53, 54]). Nous commençons par définir la procédure de génération de bandes (notée $SGA$) qui permet de générer un ensemble de bandes optimales. Puis, nous citons quelques procédures de remplissage. Enfin, nous expliquons comment la génération de bandes est utilisée dans une recherche par faisceau. Pour plus de détails sur la recherche par faisceau, le lecteur est invité à consulter la thèse [70].

### 5.2.1 Procédure de génération de bandes

Nous rappelons que le problème de découpe guillotine contraint à deux dimensions consiste à découper à partir d'un grand rectangle $R$ de dimensions $L \times W$, un certain nombre de petit rectangles (ou pièces) $i$, $i \in I = 1, ..., n$. Chaque pièce $i$ est caractérisée par ses dimensions $l_i \times w_i$, sa demande $b_i$, son profit $c_i$ et son orientation fixe, c'est-à-dire qu'un élément de dimensions $l \times w$ est différent d'un élément de dimensions $w \times l$ si $l \neq w$. Dans le modèle de découpe final, chaque pièce est produite par au plus deux découpes guillotines. Nous notons que : $L, W, l_i, w_i$ et $b_i, i \in I$ sont des entiers strictement positifs et la première découpe est horizontale. Considérant que le cas où la première découpe est verticale est simple. Elle consiste simplement à inverser les dimensions des pièces.

La procédure de génération de bandes permet de générer un ensemble de bandes générales optimales, ces bandes sont obtenues par la résolution d'un problème de sac-à-dos en utilisant la programmation dynamique, cette méthode est décrite en détail dans le deuxième chapitre (voir Hifi et al [53]). Pour une bande de dimensions $(L, w)$ tel que $w \in \{w_1, ..., w_n\}$, SGA génère une bande horizontale optimale selon la solution optimale du problème de sac à dos borné suivant :

$$BK_{L,w} = \begin{cases} f_w(L) = Max \ \sum_{i \in S_w} c_i x_i \\ s.c \\ \sum_{i \in S_w} l_i x_i \leq L \\ x_i \leq b_i, x_i \in N, i \in S_w \end{cases}$$

Où $x_i$ est le nombre d'occurrences de la pièce de type $i$ dans la bande $(L, w)$ et $f_w(L)$ représente le profit de la bande. $S_w = \{i \in I, w_i \leq w\}$ représente l'ensemble de pièces dont la hauteur est inférieure ou égale à $w$.
Soit $\overline{w_1} < ... < \overline{w_m}$ l'ensemble des hauteurs distinctes de $n$ pièces ; tel que $\forall i = 1, .., n$, $w_i \in \{\overline{w_1}, ..., \overline{w_m}\}$. La résolution du problème $BK_{L, \overline{w_m}}$ en utilisant la programmation dynamique génère toutes les bandes optimales de hauteur $w = 1, ..., \overline{w_m}$.

### 5.2.2 Procédure de remplissage BFP

La procédure BFP (Basic Filling Procedure) est une procédure de remplissage hybride qui permet de construire une solution réalisable pour le sous rectangle $(L, w)$ tel que $w \leq W$. Le principe de la procédure BFP est le suivant : Soit $w$ la hauteur du sous-rectangle courant $(L, w)$ tel que : $w \leq W$ et $r, r \leq n$ représente le nombre de bandes optimales de hauteur $\overline{w_j} \leq w$. $S_{\overline{w_j}}$ représente l'ensemble de pièces de la bande $(L, \overline{w_j})$, où $\overline{w_j} \leq w$, la fonction $f_{\overline{w_j}}(L)$ définit la valeur de la solution associée à la bande $(L, \overline{w_j})$. Le plan de découpe associé au sous-rectangle $(L, w)$ de profit $h_L(w)$ est la solution optimale du programme linéaire suivant :

$$
IP_{L,w} = \begin{cases}
h_L(w) = Max \sum_{j=1}^{r} f_{\overline{w_j}}(L)y_j \\
s.c \\
\sum_{j=1}^{r} \overline{w_j}y_j \leq w \\
\sum_{j=1}^{r} \delta_{ij}y_j \leq b_i, i \in I \\
y_j \leq a_j, y_j : entier, j = 1, ..., r
\end{cases}
$$

Où $\delta_{ij}$ représente le nombre d'occurrences de la ième pièce dans la jème bande de dimensions $(L, \overline{w_j})$ et

$$
a_j = Min \left\{ \lfloor \frac{w}{\overline{w_j}} \rfloor, min_{i \in S_{\overline{w_j}}} \lfloor \frac{b_i}{\delta_{ij}} \rfloor avec \ \delta_{ij} > 0 \right\}
$$

Le problème $IP_{L,w}$ est NP-difficile, il est résolu par la procédure d'approximation suivante :

1. Poser $b_i^{reste} = b_i$, où $b_i^{reste}$ représente le reste des demandes de la pièce $i$.

2. Sélectionner la bande réalisable $k$ avec le plus grand profit selon l'équation suivante :

$$
\frac{f_{\overline{w_k}}(L)}{\sum_{i \in S_{\overline{w_k}}} \delta_{ik}} = max_{j=1,...,r} \frac{f_{\overline{w_j}}(L)}{\sum_{i \in S_{\overline{w_j}}} \delta_{ij}}
$$

3. Placer la bande $k$ dans $(L, w)$.

4. Pour chaque pièce $i$ dans la bande $k$, si $b_i^{reste} \leq \delta_{ik}$, réduire le nombre de pièces de type $i$ dans la bande $k$ et mettre $\delta_{ik} = b_i^{reste}$.

5. Mettre à jour les demandes de toutes les pièces $i$ de la bande $k$, c'est-à-dire mettre $b_i^{reste} = b_i^{reste} - \delta_{ik}$.

6. Réordonner les pièces dans $k$ dans un ordre décroissant des hauteurs.

7. Remplir les régions restantes de la bande $k$ en utilisant la procédure Bottom-left-guillotine procédure (BLGP) qui sera décrite dans le sous paragraphe suivant.

8. Mettre à jour le reste de la hauteur du rectangle initial R ; $w = w - \overline{w_k}$.

9. S'il existe $b_i^{reste} > 0, i \in I$ et $\overline{w_j} \leq w$, alors :

    (a) Si toutes les bandes sont considérées, alors répéter BLGP sur le reste du sous-rectangle.

    (b) Sinon aller à l'étape 2.

En effet, à chaque étape, la procédure BFP considère une bande $(L, y)$ pour le placement dans le sous-rectangle $(L, w)$, elle vérifie si la contrainte de demande pour chaque pièce $i \in I$ n'a pas été violée. Dans le cas où le placement de la bande $(L, y)$ dans le

sous-rectangle $(L, w)$ viole la contrainte de demande, BFP procède à la suppression
des pièces en surplus, tel que montré dans la figure 5.1 (b). Il en résulte la création de
trous dans la bande déjà placée, comme le montre la figure 5.1 (c). Pour remédier à
ce problème, BFP réordonne les pièces de chaque bande dans un ordre décroissant de
leurs hauteurs et remplit le nouveau trou créé en utilisant la procédure BLGP, comme
illustré dans la figure 5.1 (d). Afin de remplir la sous-bande de dimensions $(L - L', w)$,

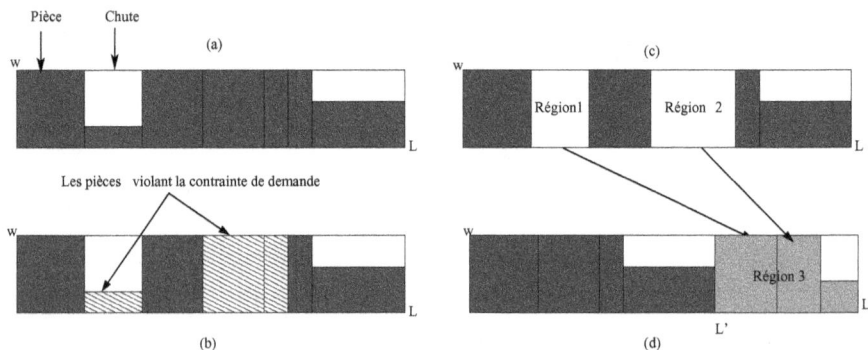

FIG. 5.1 – Description de BFP

BLGP résout le problème de sac à dos suivant :

$$max\{\sum_{i \in I} c_i x_i | \sum_{i \in I} l_i x_i \leq (L - L'), w_i \leq w, x_i \leq b_i^{reste}, x_i : entier\}$$

Où $x_i$ est le nombre d'occurrences de la pièce de type $i$ dans la sous-bande $(L - L', w)$.

### 5.2.3  L'algorithme séquentiel CGBS

L'algorithme 6 décrit les étapes principales de la méthode séquentielle CGBS
(Cooperative Global Beam Search, voir[53, 54]), elle utilise une stratégie de recherche
meilleur d'abord combinée avec la recherche par faisceau afin de résoudre le problème
de découpe 2TDC. CGBS comporte trois phases : phase d'initialisation, phase
itérative et phase d'arrêt. Pendant la phase d'initialisation, CGBS résout le problème
$BK_{L,\overline{w_m}}$ afin de créer toutes les bandes optimales générales. Ensuite, elle résout
approximativement le problème $IP_{L,W}$ en utilisant deux procédures BFP et BLGP.
Elle retient la meilleure valeur $Z^*$ comme solution courante.

**Algorithme 6** CGBS

Entrée : Une instance FC2TDC ;

Sortie : Une solution approximative $Z^*$ ;

**Initialisation**

$B = \{[((L, 0), (L, W); b)]\}$ et $B_\beta = \emptyset$ ;

Créer toutes les bandes générales associées au rectangle $(L, W)$ par la résolution de $BK_{L, \overline{w_m}}$

Résoudre le problème de sac à dos borné $U_{(L,W)}$ afin d'obtenir les bornes supérieures $U_{(L,w), w=1,...,W}$ ;

Mettre $Z^*$ égale à la valeur de la solution approximative du problème $IP_{L,w}$ ;

**Répéter**

- Phase de sélection

1. Choisir le nœud $u = \{[((L, W - w), (L, w); b_u^{reste})]\}$ de la liste $B$ en utilisant la stratégie de recherche meilleur d'abord ;

- Phase de génération ;

    (a) Brancher sur le nœud $u$ et générer $r$ bandes générales différentes (après avoir mis à jour les demandes des pièces) par la résolution de $BK_{L, \overline{w_r}}$, où $\overline{w_r} \leq w < \overline{w_{r+1}}$ ;

    (b) Pour chaque nœud (bande)$(L, \overline{w_j}), j = 1, ..., r$ :

        1) Créer un nouveau nœud $v_j = \left[((L, W - w + \overline{w_j}), (L, w - \overline{w_j}); b_{v_j}^{reste})\right]$ ;

        2) Évaluation globale basée sur la borne supérieure et la valeur de la solution obtenue par BFP

        3) Mettre à jour la valeur de la meilleure solution courante $Z^* = max\{Z^*, z_{v_j}^{local} + BFP_{v_j}\}$ ;

    (c) Mettre à jour la meilleure valeur potentielle $\Gamma$ en utilisant l'equation (3) ;

- Phase de filtrage

    (a) Pour chaque nœud crée $v_j = \left\{\left[((L, W - w + \overline{w_j})(L, w - \overline{w_j}); b_{v_j}^{reste})\right]\right\}, j = 1, ..., r$ ;

    (b) Si $Z^* < U_{v_j} + z_{v_j}^{local}$, insérer $v_j$ dans $B_\beta$ et calculer le gap entre $z_{v_j}^{local}$ et $\Gamma$

    (c) Sinon écarter $v_j$

    (d) Sélectionner les min meilleurs nœuds $\{\beta, |B_\beta|\}$ et les insérer dans $B$ ;

    (e) Supprimer le nœud $u$ de $B$ et mettre $B_\beta = \emptyset$

**Jusqu'à** $B = \emptyset$

Sortir avec la meilleure solution $Z^*$ ;

L'application de la phase itérative de la méthode CGBS nécessite la définition des nœuds de l'arbre de recherche et la définition du mécanisme de branchement. Chaque nœud est caractérisé par une paire de sous-rectangles $(L, W - w)$, $(L, w)$, $w \leq W$ et un vecteur de demande résiduelle $b^{reste}$. La première composante $(L, W - w)$ représente la solution réalisable courante obtenue par la combinaison de bandes, tandis que la deuxième composante $(L, w)$ représente le reste de la surface à remplir (sous-rectangle complémentaire). L'élément $b_i^{reste}, i \in I$ de $b^{reste}$ représente la demande résiduelle de la pièce de type $i$ donnée par la solution réalisable courante de la composante $(L, W - w)$. Ainsi, le nœud racine est composé de la paire de sous-rectangles $(L, 0)$ et $(L, W)$, car aucune bande n'a été placée dans le sous-rectangle $(L, W)$ et le vecteur de demande $b^{reste}$ est égal à $b$, où $b = (b_1, ..., b_n)$.

Brancher sur le nœud $u = \{[((L, W - w), (L, w); b_u^{reste})]\}$, où $w \leq Y$ est équivalent à placer une bande de dimensions $(L, \beta), \beta \leq w, \overline{w_r} \leq \beta < \overline{w_{r+1}}, r \leq m$, dans le sous-rectangle complémentaire $(L, w)$. Il y a au plus $r$ branches émanant de $u$. Chaque branche $j \in J, J = 1, ..., r$, correspond à un placement d'une bande $(L, \overline{w_j})$ dans le sous-rectangle $(L, w)$ et à une création d'un nœud fils $v_j = \left\{ \left[ ((L, W - w + \overline{w_j}), (L, w - \overline{w_j}); b_{v_j}^{reste}) \right] \right\}$, plus précisément, brancher sur le nœud $u$ nécessite la définition des étapes suivantes :

1) Mise à jour de la demande résiduelle pour chaque pièce de type $i, i \in I$.

2) Générer $r$ bandes optimales par la résolution du problème $BK_{L,\overline{w_j}}, j = 1, ..., r$ en utilisant la programmation dynamique.

3) Pour chaque bande obtenue $(L, \overline{w_j}), j = 1, ..., r$, créer une branche $u$ comme suit :

   a) Créer le nœud fils $v_j = \left\{ \left[ ((L, W - w + \overline{w_j}), (L, w - \overline{w_j}); b_{v_j}^{reste}) \right] \right\}$ en plaçant la bande $(L, \overline{w_j})$ dans le sous-rectangle $(L, w)$.

   b) Calculer la valeur $z_{v_j}^{local}$, solution réalisable associée au sous-rectangle $(L, W - w + \overline{w_j})$ où la valeur $z_{v_j}^{local}$ est égale à la somme de $z_{u_j}^{local}$ et la valeur de la solution optimale du problème $BK_{L,\overline{w_j}}$.

   c) Appliquer la procédure de remplissage BFP au sous-rectangle $(L, w - \overline{w_j})$ afin d'obtenir une borne inférieure pour le sous-rectangle $(L, w - \overline{w_j})$.

   d) Déterminer $U_{L,w-\overline{w_j}}$, une borne supérieure associée au sous-rectangle $(L, w - \overline{w_j})$, où $U_{L,w-\overline{w_j}}$ est la valeur de la solution optimale du problème de sac à dos (1) et $f_{\overline{w_j}}(L)$ est le profit généré par la bande $(L, \overline{w_j})$, alors que $t_j$ est le nombre d'occurrences de la bande $(L, \overline{w_j})$ dans le sous-rectangle $(L, w - \overline{w_j})$.

Toutes les bornes supérieures $U_{L,w}, w = 0, 1, ..., W$, sont obtenues lors du calcul de $U_{L,W}$ via la programmation dynamique.

e) Calculer $z_{v_j}^{global}$, borne supérieure sur la valeur de $v_j$, elle est donnée par :
$z_{v_j}^{global} = z_{v_j}^{local} + U_{L,w-\overline{w_j}}$.

$$U_{L,w-\overline{w_j}} = max\{\textstyle\sum_j f_{\overline{w_j}}(L)t_j \mid \sum_j \overline{w_j}t_j \leq w - \overline{w_j}, j \in J\} \quad (1)$$

Chaque nœud $v_j, j = 1, ..., r$ émanant de $u$ est écarté si :

$$z_{v_j}^{global} \leq Z^* \quad (2)$$

Tel que : $Z^* = max\{Z^*, z_{v_j}^{local} + BFP_{v_j}\}$.

Les nœuds restants sont ensuite introduits dans $B_\beta$ et leur valeur potentielle $\Gamma$ est calculée comme suit :

$$\Gamma = max_{v_j \in B_\beta}\{z_{v_j}^{global}\} \quad (3)$$

Enfin, pour chaque nœud $v_j \in B_\beta$, l'écart entre $z_{v_j}^{local}$ et $\Gamma$ est calculé et les min $\{\beta, |B_\beta|\}$ nœuds ayant le plus grand écart sont sélectionnés afin d'entreprendre une nouvelle recherche, tandis que les autres nœuds sont rejetés. La dernière phase définit le critère d'arrêt de la méthode CGBS, ce critère est lancé lorsque la condition : $B = \emptyset$ est réalisée. En effet, cela se produit lorsque tous les nœuds choisis ont leurs rectangles complémentaires ne pouvant pas contenir les pièces dont la demande résiduelle est strictement positive ou lorsque toutes les demandes résiduelles des pièces sont nulles. Ainsi, ces nœuds sont les feuilles et ne peuvent pas être placées dans la liste $B$.

## 5.2.4   Caractéristiques de l'algorithme séquentiel CGBS

Dans l'algorithme CGBS, les tâches les plus coûteuses en termes de temps de calcul sont les suivantes :

1. La phase de sélection qui détermine les nœuds les plus prometteurs.

2. La génération d'un ensemble de bandes optimales, le calcul des bornes supérieures complémentaires et des solutions complémentaires réalisables pendant la phase de génération.

3. La sélection d'un sous-ensemble de nœuds élites afin de poursuivre la recherche pendant la phase de filtrage.

Distribuer le calcul requis pour ces trois tâches entre plusieurs processeurs réduit le temps global d'exécution. Ainsi, une approche viable à ce problème est un algorithme de coopération parallèle, qui exploite une structure arborescente de recherche et explore $\eta$ nœuds en parallèle, où chaque processeur guide son propre espace de recherche et utilise la stratégie de recherche meilleur d'abord afin de sélectionner les meilleurs nœuds.

## 5.3  L'algorithme parallèle P2P

Cette section est organisée comme suit. Nous définissons les éléments nécessaires à la conception de l'algorithme parallèle P2P. Ensuite, nous présentons la structure de données utilisée par l'algorithme parallèle. Enfin, nous exposons les étapes nécessaires du déroulement de l'algorithme parallèle pair à pair.

### 5.3.1  Conception de l'algorithme parallèle P2P

Le temps de calcul requis par la phase de sélection, de génération et de la phase de filtrage est très variable et dans certains cas, imprévisible. Ce problème pourrait être surmonté pour la phase de sélection par le tri de la liste des nœuds dans un ordre bien déterminé. Cependant, pour la phase de génération, surmonter ce problème s'avère plus compliqué. En effet, cette phase (i) génère-à chaque sélection-toutes les bandes générales optimales, (ii) calcule les bornes inférieures et supérieures et (iii) met à jour la meilleure solution réalisable courante. Enfin, le temps de calcul requis par la phase de filtrage est généralement imprévisible, car elle dépend de la valeur de la meilleure solution courante et la valeur des bornes. Ainsi, la parallélisation de l'algorithme CGBS doit utiliser des mécanismes pour l'équilibrage de charge d'une manière dynamique pendant la résolution. L'algorithme parallèle doit s'adapter aussi à la nature dynamique de l'environnement P2PDC. En effet, dans cette plate-forme, le nombre de processeurs participant à la résolution n'est pas stable. Cette instabilité impose :

(i) Des mécanismes de sauvegarde des solutions partielles trouvées lors de la résolution par chaque processeur.

(ii) La gestion des arrivées de nouveaux pairs (processeurs).

(iii) La gestion de déconnexions imprévues des pairs.

### 5.3.2  Structure de données et équilibrage de charge

L'algorithme P2P proposé emploie un protocole d'équilibrage de charge. Pour chaque processeur $k$, $k = 1, ..., \eta$, le protocole impose un seuil limite $\xi$ sur la taille de la première liste interne $B_k$ et utilise une seconde liste interne $\overline{B_k}$ servant à stocker les nœuds internes non sélectionnés. Le processeur diffuse sa première liste interne à tous les processeurs d'une manière périodique (*periode* = $T$ unités de temps). En outre, l'algorithme réinitialise la seconde liste interne et l'envoie à un nouveau processeur (quand un processeur arrive dans la plate-forme). Nous notons que la déconnexion d'un processeur, implique la perte des listes internes, ainsi que les chemins développés par ce dernier.

### 5.3.3   La gestion de déconnexions imprévues des pairs

Comme noté dans la section précédente, la déconnexion d'un processeur de la plate-forme P2P, engendre la perte des chemins développés par ce dernier, ce qui impose des sauvegardes périodiques entre les processeurs afin de préserver les meilleures solutions courantes. Ces sauvegardes sont réalisées par des envois périodiques de la première liste interne entre les processeurs. Ils sauvegardent la meilleure solution réalisable de chaque processeur au niveau de tous les processeurs.

### 5.3.4   Gestion de l'arrivée d'un nouveau pair dans la plate-forme

Lorsqu'un nouveau processeur arrive et se déclare dans le plate-forme pair à pair, chaque processeur $k$, $k = 1, ..., \eta$ lui envoie ses listes internes. Le nouveau processeur introduit les nœuds dans sa première liste interne et sélectionne un nœud de départ $u_k = \left[ ((L, W - w), (L, w)), b_{u_k}^{reste} \right]$ dont la valeur réalisable locale est égale à $z_{u_k}^{local}$. Le nouveau processeur calcule la borne supérieure complémentaire en résolvant le problème $U_{(L,w)}$.

Lorsque le nouveau processeur se branche sur le nœud $u_k$, il crée r nœuds.

Pour chaque nœud $v_j, j = 1, ..., r$, le nouveau processeur $k$ place la bande générale $(L, \overline{w_j})$, qui représente la solution optimale pour le problème $BK_{(L, \overline{w_j})}$ dans le sous-rectangle courant $(L, w)$ et met à jour la demande $b_{v_j}^{reste}$. Il fixe $v_j = \left[ (L, W - w + \overline{w_i}), (L, w - \overline{w_i}); b_{v_j}^{reste} \right]$, calcule $z_{v_j}^{local}$, $BFP_{v_j}$ et évalue $U_{v_j}$. Ensuite, le nouveau processeur $k$ stocke les $r$ nœuds descendants du nœud $u_k$ dans sa seconde liste interne $\overline{B_k}$ et sauvegarde les meilleurs min $\{\beta, |\overline{B_k}|\}$ nœuds élites de $\overline{B_k}$ dans $B_k$. Les nœuds élites sont choisis de la même manière que la méthode CGBS.

### 5.3.5   L'algorithme P2P

Ce paragraphe présente l'algorithme de chaque processeur pair, le protocole de communication qui assure leur interaction et l'environnement P2PDC que nous avons utilisé dans l'implémentation de l'algorithme.

1. **Algorithme sur chaque pair :**

   Au niveau de chaque processeur, l'algorithme est composé de quatre étapes principales : initialisation, itération, backup et arrêt.

À l'**étape d'initialisation**, le pair résout le problème $IP_{L,W}$ d'une manière approximative en utilisant deux procédures BFP et BLGP et obtient un solution $Z^*$ comme solution courante. Ensuite, il fixe la première liste interne $B_k$ au nœud racine $u = [((L,0),(L,W)); b]$ et construit $m$ premières bandes générales optimales par la résolution du problème $BK_{(L,\overline{w_m})}$ en utilisant la programmation dynamique. il associe à chaque bande générale un nœud $v_j, j = 1, ..., m$. Puis, il résout le problème $U_{(L,W)}$ via la programmation dynamique afin d'obtenir toutes les bornes supérieures $U_{(L,w)}, w = 0, ..., W$. Ensuite, le processeur pair applique une première phase de filtrage sur les $m$ nœuds créés et il définit $Z^* = max\{Z^*, z^{local}_{v_j + BFP_{v_j}}, j = 1, .., m\}$. Enfin, il détermine les $\beta$ nœuds ayant la plus grande valeur $z^{global}_{v_j} = z^{local}_{v_j} + U_{(L,W-\overline{w_j})}, j = 1, ...m$ et les sauvegarde dans sa première liste interne.

À **la phase itérative**, le processeur pair sélectionne et supprime le nœud $u = [((L,W-w),(L,w)); b]$ ayant la plus grande valeur d'évaluation de la liste $B_k$. Ensuite il calcule $BK_{(L,\overline{w_r})}$ avec $\overline{w_r} \leq w < \overline{w_{r+1}}$ afin de générer $r$ bandes générales optimales et associe à chaque bande une branche émanant du nœud $u$. Pour chaque nœud crée $v_j, j = 1, ..., r$, le processeur pair $k$ calcule $z^{local}_{v_j}$, $U_{v_j}$ et $BFP_{v_j}$ où $z^{local}_{v_j}$. Puis, il met à jour la valeur de la meilleure solution locale dans le cas où $z^{global}_{v_j} \geq Z^*$. Le nœud fils $v_j$ est retenu (c'est-à-dire, est introduit dans la liste $\overline{B_k}$) s'il peut éventuellement mener à une meilleure solution, c'est-à-dire si $z^{global}_{v_j} \geq Z^*$. Le processeur $k$ filtre les nœuds de la liste $\overline{B_k}$ et ne retient que les meilleurs $\beta$ nœuds réalisant les meilleures évaluations de solutions (selon l'équation (3)). Enfin, il enregistre autant de nœuds possibles de $\overline{B_k}$ dans la liste $B_k$ sans dépasser la capacité $\xi$.

Pour l'**étape backup**, la réaction du processeur pair dépend du type de sortie. Il y a trois types de sorties possibles.

(a) Lorsque la capacité de la liste $B_k$ du processeur $k, k = 1, ..., \eta' \leq \eta$ dépasse le seuil $\xi$, alors il transfère les nœuds de $B_k$ vers sa seconde liste interne .

(b) Quand un processeur $k$ termine sa tâche sans dépasser la capacité $\xi$ de la liste $B_k$ ou la période $T$, il diffuse sa meilleure solution locale $z^{local}_{u_k}$ à tous les processeurs.

(c) Quand un processeur $k, k = 1, ..., \eta' \leq \eta$ s'arrête parce qu'il a dépassé sa période d'exécution $T$ , il transfère sa première liste interne et sa meilleure solution locale vers tous les processeurs .

   Le critère d'arrêt arrête le processeur $k, k = 1, ..., \eta' \leq \eta$, ce dernier retourne la meilleure solution trouvée $Z^*$ quand ses listes internes et ses files d'attente sont vides.

2. **Protocole de communication :**

La mise en œuvre de l'algorithme parallèle nécessite la gestion de trois files d'attente indépendantes, ces trois files stockent différentes informations (en utilisant la stratégie FIFO). La première file d'attente, notée $Q_1$ sauvegarde les meilleures solutions locales transférées par les processeurs. La deuxième file, $Q_2$, reçoit les nœuds envoyés par les autres processeurs. Enfin, la file d'attente $Q3$, équilibre la charge entre les processeurs : elle stocke les nœuds provenant d'autres processeurs et les distribuent aux processeurs libres. Les trois files d'attente sont gérées de manière indépendante, c'est-à-dire, en parallèle.

## 5.4 Étude expérimentale

Cette section évalue les performances de l'algorithme parallèle proposé (noté P2PCGBS) en le testant sur un ensemble d'instances extraites de Hifi et al (voir [52] et [53]). L'algorithme est exécuté sous Grid5000 et en utilisant la plate-forme P2PDC (voir Nguyen et al [71]). P2PCGBS est exécuté, avec T = 2 secondes (backup toutes les deux secondes). Chaque instance est exécutée deux fois : une fois avec la première découpe horizontale et une fois avec la première découpe verticale. Les valeurs optimales de ces instances sont inconnues, ainsi, pour chaque instance, la solution obtenue par P2PCGBS est comparée, dans le tableau 5.1, à la meilleure borne inférieure obtenue par les algorithmes suivants : solveur CPLEX (v.9), algorithme PAR de Hifi et al [52], algorithme CGBS de Hifi et al [53] avec $\beta = 2$ et $\beta = 4$. Le temps limite est fixé à 3000 secondes pour le solveur CPLEX et l'algorithme PAR (comme dans [64],[53]) et à 900 secondes pour l'algorithme CGBS. La colonne 2 présente la meilleure borne inférieure $LB$ obtenue par CPLEX, PAR et CGBS avec $\beta = 2$ et $\beta = 4$. La colonne 3 calcule l'écart entre la valeur $LB$ et la valeur de la meilleure solution entière obtenue par le modèle $M1$ proposé par Lodi et Monaci résolu en utilisant CPLEX (voir [4]). La colonne 4 montre l'écart entre la valeur $LB$ et la valeur de la solution obtenue par la méthode PAR. Les Colonnes 5 et 7, calculent l'écart entre la valeur $LB$ et la valeur de la solution obtenue par l'algorithme CGBS lorsque $\beta = 2$ et lorsque $\beta = 4$, respectivement, tandis que les colonnes 6 et 8 rapportent le temps de calcul de l'algorithme CGBS lorsque $\beta$ est fixé à 2 et 4, respectivement. La colonne 9 calcule l'écart entre la valeur $LB$ et la valeur de la solution obtenue par l'algorithme P2PCGBS. Les colonnes 10, 11 et 12 montrent le temps de calcul que prend P2PCGBS quand $\beta = 4$ et quand $\eta$ varie de 1 à 6, de 1 à 10 et de 1 à 20 processeurs (respectivement). Dans le tableau 5.1, le symbole "∘" indique que l'algorithme atteint la valeur $LB$ et le symbole "◇" indique que l'algorithme ne se termine pas avant le temps limite.

L'analyse du tableau 5.1 indique que Cplex produit des solutions modérées. Il obtient deux meilleures solutions dans deux instances parmi 12 (WL1V et WL3V) et possède un écart moyen de $-3591,33$. L'algorithme PAR, fait mieux que Cplex et obtient 9 meilleures solutions sur 12, avec un écart moyen de $-464,67$. L'algorithme CGBS avec $\beta = 2$ est plus performant que Cplex et PAR : il obtient toutes les meilleures solutions avec un temps moyen de $334,24$ secondes, ce qui est beaucoup plus petit que 3000 secondes réservées à CPLEX et PAR. Cependant, pour $\beta = 4$ les performances de l'algorithme CGBS sont détériorées, aucune des 12 meilleures solutions ne sont atteintes dans un écart moyen de $-218070,67$. En effet, lorsque l'algorithme CGBS fixe le paramètre $\beta$ à 4, l'algorithme exige plus que 900 secondes afin d'explorer les meilleurs chemins.

Enfin, P2PCGBS obtient de meilleurs résultats que CPLEX, PAR et CGBS. L'algorithme parallèle améliore six meilleures solutions de la littérature avec un écart moyen de $1732,58$. Cette amélioration est accompagnée d'une diminution importante du temps de calcul. En effet, le temps de résolution moyen de P2PCGBS avec $\eta = 1-6$ est égal à $275.10$ secondes, un temps de résolution moyen plus petit que $334.24$ secondes, temps moyen obtenu par CGBS avec $\beta = 2$, il représente une diminution de $17,69\%$ du temps de résolution moyen, le facteur d'accélération est égal à $S(1-6) = 1,21$. Nous constatons d'autre part que lorsque $\eta = 1-10$ ou lorsque $\eta = 1-20$, le temps moyen de P2PCGBS est ralenti et devient égal à $286,77$ et à $322,37$ secondes, respectivement. Ces résultats montrent également que la fréquence de connexion/déconnexion d'un processeur influe sur l'algorithme parallèle.

| Instance | Best | Cplex Gap | Par Gap | CGBS $\beta=2$ Gap | CGBS $\beta=2$ cpu | CGBS $\beta=4$ Gap | CGBS $\beta=4$ cpu | P2PCGBS Gap | P2PCGBS $\eta=1$ à $6$ cpu | P2PCGBS $\eta=1$ à $10$ cpu | P2PCGBS $\eta=1$ à $20$ cpu |
|---|---|---|---|---|---|---|---|---|---|---|---|
| *Horizontal* | | | | | | | | | | | |
| UL1 | 887393 | -10711 | -294 | o | 138.56 | -187359 | ◇ | 1993 | 110.09 | 101.15 | 120.96 |
| UL2 | 906237 | -5314 | o | o | 310.13 | -216139 | ◇ | 1629 | 230.81 | 190.27 | 133.66 |
| UL3 | 1017575 | -8544 | o | o | 347.89 | -18810 | ◇ | o | 299.16 | 322.17 | 220.39 |
| WL1 | 688840 | -1054 | o | o | 410.09 | -168781 | ◇ | o | 370.82 | 340.06 | 299.01 |
| WL2 | 782566 | -4538 | o | o | 454.76 | -125136 | ◇ | 1562 | 401.55 | 499.14 | 380.18 |
| WL3 | 899890 | -2517 | o | o | 488.76 | -486401 | ◇ | o | 432.12 | 499.05 | 460.53 |
| *Vertical* | | | | | | | | | | | |
| UL1 | 891516 | -2754 | o | o | 120.87 | -316084 | ◇ | 8583 | 118.09 | 122.19 | 99.91 |
| UL2 | 908982 | -2382 | o | o | 210.41 | -230231 | ◇ | 1039 | 190.07 | 180.15 | 109.77 |
| UL3 | 1022483 | -3595 | -3595 | o | 320.87 | -124832 | ◇ | o | 254.08 | 179.08 | 158.31 |
| WL1 | 694657 | o | o | o | 340.89 | -177948 | ◇ | o | 221.95 | 180.11 | 1160.65 |
| WL2 | 783836 | -1687 | -1687 | o | 410.78 | -293071 | ◇ | 5985 | 310.35 | 366.88 | 413.09 |
| WL3 | 881931 | o | o | o | 456.81 | -272056 | ◇ | o | 361.44 | 460.99 | 312.07 |
| GAP-moyen | | -3591.33 | -464.67 | 0.00 | | -218070.67 | | 1732.24 | | | |
| CPU-moyen | | | | | 334.24 | | 900 | | 275.10 | 286.77 | 322.37 |

TAB. 5.1 – Performance de l'algorithme.

## 5.5 Conclusion

Dans ce chapitre nous avons résolu le problème de découpe contraint à deux dimensions et à deux niveaux en utilisant un algorithme parallèle de recherche par faisceau. L'algorithme que nous avons proposé explore, en parallèle un ensemble de nœuds élites sélectionnés suivant la stratégie de recherche meilleur d'abord. Les résultats expérimentaux montrent que l'algorithme parallèle améliore les résultats obtenus par la version séquentielle CGBS et autres algorithmes existants pour un ensemble de grandes instances. Il améliore la solution connue pour de nombreuses instances et atteint la solution optimale pour d'autres. Ces résultats montrent aussi que la fréquence de (connexion/déconnexion) d'un processeur dans la plateforme P2PDC influe sur les performances de l'algorithme P2PCGBS.

# CHAPITRE 6

# Résolution parallèle du problème de placement en trois dimensions

## Sommaire

## 6.1   Introduction

Le problème de chargement [44] est un problème NP-difficile. Ses applications
sont nombreuses dans l'industrie, Notamment, dans le découpage du bois en petits
morceaux, le chargement des palettes de marchandises, ou le remplissage des conteneurs avec cargaison. En logistique, un remplissage optimal du conteneur réduit les
coûts de transport et accroît la stabilité de la charge. Le problème de chargement
contient plusieurs variantes qui changent selon la fonction objectif et les contraintes
imposées. Dans notre travail, nous nous intéressons au problème de knapsack en trois
dimensions. Ce problème consiste à déterminer un plan de placement de $n$ objets de
dimensions $(l_i, w_i, h_i)$, $i = 1, \ldots, n$, dans un seul conteneur de dimensions $(L, W, H)$,
où $L$ (respectivement $l_i$) dénote une longueur, $W$ (respectivement $w_i$) une largeur et
$H$ (respectivement $h_i$) une profondeur. Notons que chaque objet $i$, $i = 1, \ldots, n$, est
caractérisé par un profit $c_i$ qui peut représenter le volume. L'objectif du problème
est de choisir un sous-ensemble d'objets pouvant remplir le conteneur en maximisant
le profit total (maximiser le volume utilisé). Dans notre étude, nous ne prenons pas
en considération la contrainte de support. Il existe quelques heuristiques qui traitent
ce type de problème et qui ont été présentées dans Gehring et al [33] et Scheithauer [31].

Dans ce chapitre, nous présentons une heuristique séquentielle et parallèle pour
la résolution du problème de placement en trois dimensions (voir [59]). Ensuite, nous
exposons un autre algorithme parallèle qui permet de fournir une meilleure solution,
cela en exploitant toutes les rotations possibles des objets à placer. Enfin, nous terminons par une partie expérimentale (que nous avons réalisé sur le Grid'5000) où nous
allons montrer à travers une comparaison des temps de traitement et des qualités de
solutions l'impact du parallélisme.

## 6.2   Quelques travaux

Dans cette section, nous citons quelques heuristiques permettant de résoudre le
problème de placement en trois dimensions. Nous présentons des heuristiques basées
sur des algorithmes de construction de mus, des algorithmes de construction de piles
et des algorithmes à découpe guillotine.

En pratique, il est très difficile de résoudre le problème de chargement (voir Hifi et
al [50]). Seules les instances de petite taille peuvent être résolues à l'optimalité. Pour les
instances de grande taille, des approches heuristiques sont appliquées. Les approches
heuristiques les plus courantes peuvent être classées comme des algorithmes de construction de murs, ou comme des algorithmes de construction de piles, ou comme des
algorithmes à découpe guillotine,...etc.

L'approche de construction de murs, proposée par George et Robinson [28], remplit le conteneur avec un certain nombre de couches sur toute la profondeur du conteneur. Cette approche a été utilisée par Bischoff et Marriott [11], Hemminki [26], Gehring et al [33]. L'approche de construction de piles, proposée par Gilmore et Gomory [61] est utilisée par plusieurs auteurs (voir [70]), consiste à placer les objets dans des piles appropriées, qui sont ensuite disposées au plancher du conteneur en résolvant un problème de placement en deux dimensions.

## 6.2.1 Construction de murs

### 6.2.1.1 Algorithme de George et Robinson

L'approche de George et Robinson [28] consiste à remplir le conteneur en couches successives (verticales ou horizontales) sur toute la profondeur du conteneur. La profondeur d'une couche doit être soigneusement choisie afin d'obtenir une bonne performance. Chaque couche est divisée en un certain nombre de bandes horizontales superposées les unes sur les autres. Chaque bande (notée, également pile ou couche) est constituée d'un ensemble d'objets placés d'une manière consécutive et parallèle à la largeur du conteneur.

### 6.2.1.2 Algorithme de Pisinger

L'algorithme proposé par Pisinger [22] utilise une approche de construction de murs. Il décompose le problème en un certain nombre de couches qui sont ensuite divisées en un certain nombre de bandes. Le remplissage d'une bande peut être formulé comme un problème de sac-à-dos et résolu d'une manière optimale avec une capacité égale à la largeur ou la hauteur du conteneur. La profondeur d'une couche ainsi que la largeur de chaque bande sont choisis grâce à la méthode de branch and bound. L'analyse des profondeurs de toutes les couches et les largeurs de toutes les bandes est très coûteuse en temps de calcul. Pour diminuer cette complexité Pisinger a utilisé une approche "m-cut", où à chaque nœud, une seule partie de branches est explorée.

## 6.2.2 Construction de piles

Un plan de chargement peut être construit par la résolution d'une série de problèmes de placement en deux dimensions. La combinaison de ces dernières solutions produit une solution finale (voir hifi[48] et saadi [70]). Le principe de la méthode se résume par les étapes suivantes :

- **Construction des x-piles :**

  Soit $S$ l'ensemble de pièces à placer (ou à découper) et $p \leq n$ le nombre de profondeurs distinctes tel que $h_1 < h_2 < \ldots < h_p$. $l_k \in \{l_1, \ldots, l_r\}$ avec $l_1 < l_2 < \ldots < l_r$, représente une longueur fixe du sous-conteneur $(\alpha, \beta, h_j)$

pour un certain $h_j$, $j = 1, \ldots, p$. Soit $S_{(l_k,\beta,h_j)}$ l'ensemble de pièces tel que $S_{(l_k,\beta,h_j)} := \left\{ i \in S \mid l_i \leq l_k \leq \alpha,\ w_i \leq \beta,\ h_i \leq h_j \right\}$. À chaque couple $(l_k, h_j) \leq (\alpha, \beta)$, on associe le problème de sac-à-dos suivant :

$$
(K^{l_k}_{\beta,h_j})
\begin{cases}
f^{x-stack}_{(l_k,\beta,h_j)} = \max \displaystyle\sum_{i \in S_{(l_k,\beta,h_j)}} c_i x_i \\[2mm]
\text{s.c.} \quad \displaystyle\sum_{i \in S_{(l_k,\beta,h_j)}} w_i x_i \leq \beta \\[2mm]
x_i \in N,\ i \in S_{(l_k,\beta,h_j)},
\end{cases}
$$

$x_i$ est le nombre d'occurrences de la pièce $i$ dans $x$-pile de dimensions $(l_k, \beta, h_j)$ et $f^{x-stack}_{(l_k,\beta,h_j)}$ est la valeur de la solution de $x$-pile de dimensions $(l_k, \beta, h_j)$, pour $k = 1, \ldots, r$.

La phase de combinaison permet, pour une profondeur fixe $h_j$, de sélectionner les meilleures x-piles afin de remplir le sous-objet $(\alpha, \beta, h_j), j = 1, .., p$. Cela peut être réalisé par la résolution du problème de sac-à-dos suivant :

$$
(K^{x-stack}_{(\alpha,\beta,h_j)})
\begin{cases}
g^{x-stack}_{(\alpha,\beta,h_j)} = \max \displaystyle\sum_{k=1}^{r} f^{x-stack}_{(l_k,\beta,h_j)} y_k \\[2mm]
\text{s.c.} \quad \displaystyle\sum_{k=1}^{r} l_k y_k \leq \alpha,\ y_k \in N,
\end{cases}
$$

Où $y_k$, $k = 1, \ldots, r$, est le nombre d'occurrences de la $x$-pile de dimensions $(l_k, \beta, h_j)$ dans $(\alpha, \beta, h_j)$ et $g^{x-stack}_{(\alpha,\beta,h_j)}$ est la solution produite pour $(\alpha, \beta, h_j)$, $j = 1, \ldots, p$.

- **Construction des y-piles :**
  La construction de y-piles se fait de la même manière que la création de x-piles. En effet, on inverse les longueurs et les hauteurs dans les problèmes de sacs à dos $K^{l_k}_{\beta,h_j}$ et $K^{x-stack}_{(\alpha,\beta,h_j)}$ c'est-à-dire remplacer $w_i$ par $l_i$, $l_i$ par $w_i$, $l_k$ par $w_k$, $\alpha$ par $\beta$, $\beta$ par $\alpha$, $f^{x-stack}_{(l_k,\beta,h_j)}$ par $f^{y-stack}_{(\alpha,w_k,h_j)}$, $g^{x-stack}_{(\alpha,\beta,h_j)}$ par $g^{y-stack}_{(\alpha,\beta,h_j)}$, $S_{(l_k,\beta,h_j)}$ par $S_{(\alpha,w_k,h_j)}$ et $r$ par $s$, $s$ est le nombre de hauteurs distinctes. Dans ce cas, on considère l'ordre $w_1 < w_2 < \ldots < w_s$ et on note les problèmes de sac-à-dos par $K^{w_k}_{\beta,h_j}$ et $K^{y-stack}_{(\alpha,\beta,h_j)}$ respectivement.

- **Première solution pour le sous-conteneur $(\alpha, \beta, \gamma)$ :**
  On met, $g_{(\alpha,\beta,h_j)} = max\{g^{x-stack}_{(\alpha,\beta,h_j)}, g^{y-stack}_{(\alpha,\beta,h_j)}\}$. La résolution du problème de sac-à-

dos $SK_{(\alpha,\beta,\gamma)}$, fournit une solution approximative pour le sous-conteneur $(\alpha,\beta,\gamma)$.

$$(SK_{(\alpha,\beta,\gamma)}) \begin{cases} G_{(\alpha,\beta,\gamma)} = \max \sum_{j=1}^{p} g_{(\alpha,\beta,h_j)} z_j \\ \text{s.c.} \qquad\qquad \sum_{j=1}^{p} h_j z_j \leq \gamma, \ z_j \in N, \end{cases}$$

où $z_j$, $j = 1, \ldots, p$, est le nombre d'occurrences du $j$ime sous-conteneur $(\alpha,\beta,h_j)$ dans $(\alpha,\beta,\gamma)$ et $G_{(\alpha,\beta,\gamma)}$ est la solution réalisable pour le sous-conteneur $(\alpha,\beta,\gamma)$. Lorsque les paramètres $(\alpha,\beta,\gamma)$ valent $(L, W, H)$, l'algorithme fournit une solution pour le conteneur initial.

## 6.3 Heuristique pour le problème de placement en trois dimensions

Dans cette partie, nous donnons le processus général de résolution de la méthode GBS qui va servir à résoudre la série de problèmes de placement à deux dimensions. Ensuite, nous expliquons l'heuristique séquentielle permettant de résoudre le problème de placement en trois dimensions notée "Heuristique-3D". Enfin, nous donnons algorithme expliquant le comportement de cette heuristique.

### 6.3.1 La méthode GBS

Cette méthode consiste à combiner une procédure de construction de piles et une procédure de recherche par faisceau [70]. La construction par piles génère un ensemble de piles optimales, tandis que la recherche par faisceau filtre les meilleures piles pendant la construction de la solution en utilisant une fonction d'évaluation qui inclut la solution courante et une estimation de la solution (des solutions) générée(s) par les futures constructions.

Les bandes (équivalentes aux piles dans le cas à deux dimensions) générales sont générées de la même manière que dans la procédure (SGA). Elles sont construites en fonction de la solution optimale du problème de sac-à-dos borné suivant :

$$BK_{L,\overline{w_j}}^g = \begin{cases} f_{\overline{w_j}}(L) = Max \ \sum_{i \in S_{\overline{w_j}}} c_i x_{ij} \\ s.c \\ \sum_{i \in S_{\overline{w_j}}} l_i x_{ij} \leq L \\ x_{ij} \leq b_i, x_{ij} \in N, i \in S_{\overline{w_j}} \end{cases}$$

Où $I, i = 1, .., n$ représente l'ensemble de toutes les pièces du problème et $J = 1, ..., r$ est l'ensemble des hauteurs distinctes des pièces. $x_{ij}$ est le nombre d'occurrences de la pièce du type $i$ dans la bande $(L, \overline{w_j})$ et $f_{\overline{w_j}}(L)$ est le profit de la bande. $S_{\overline{w_j}} = \{i \in I, w_i \leq \overline{w_j}\}$ représente l'ensemble des pièces dont la hauteur est inférieure ou égale à $\overline{w_j}$. La résolution du problème $BK^g_{L,W}$ en utilisant la programmation dynamique donne la solution optimale de chaque problème $BK^g_{L,\overline{w_j}}, j \in J, J = 1, ..., r$.

La recherche de la meilleure solution utilise un processus de recherche par faisceau qui évite la recherche exhaustive. En effet, à chaque niveau de l'arbre de recherche, un sous-ensemble de nœuds (bandes) est sélectionné pour poursuivre la recherche (appelé nœuds élites), les autres nœuds sont supprimés. Le nombre de nœuds sélectionnés à chaque niveau : $\beta$ est appelé largeur de faisceau. Dans cette étude, nous avons fixé le paramètre $\beta$ à un.

## 6.3.2  Heuristique-3D

Comme indiqué précédemment, le problème de placement en trois dimensions consiste à placer un ensemble de $n$ objets caractérisés par une longueur $l_i$, une hauteur $w_i$, une profondeur $h_i$ et un profit $c_i = l_i \times w_i \times h_i, i = 1, .., n$ dans un conteneur de dimensions $L \times W \times H$. Notre objectif est de trouver un espace de placement en trois dimensions de sorte à minimiser les chutes du conteneur (volume inutilisé). Nous pouvons formuler le problème comme suit :

$$\begin{cases} Min\ g(X) = L \times W \times H - \sum_{i=1}^{n} s_i x_i \\ s_i = l_i \times w_i \times c_i, i = 1, ..., n \end{cases}$$

Tel que $X = (x_1, x_2, ...x_n)$ avec $x_i$ le nombre d'occurrences de l'objet $i$ dans l'espace de placement en trois dimensions $X$, dans notre cas $x_i = \{\lfloor \frac{L}{l_i} \rfloor \lfloor \frac{W}{w_i} \rfloor \lfloor \frac{H}{h_i} \rfloor, i = 1, ..., n\}$. $g$ est une application définie par : $g : \varphi \to N$ tel que $\varphi$ est l'ensemble fini de vecteurs qui représentent les différents espaces de placement réalisables en trois dimensions .

Dans cette méthode nous décomposons le problème en une série de problèmes de placement à deux dimensions. Nous réduisons l'instance initiale en une série d'instances à deux dimensions, c'est-à-dire que nous ne prenons pas en considération une des dimensions du conteneur : la profondeur $H$ (voir figure 6.1). Le déroulement de la méthode suit le processus suivant :

Soit $\{h_1 \leq h_2 \leq ... \leq h_n\}$ l'ensemble des profondeurs de tous les objets ; nous déterminons l'ensemble des profondeurs distinctes des objets $\Omega = \{\bar{h_1}, \bar{h_2}, ..., \bar{h_\rho}\}$ tel que $\rho$ est le nombre de profondeurs distinctes. Ensuite nous trions les profondeurs selon un ordre croissant et nous générons $\rho$ problème de placement à deux dimensions (noté 2D dans l'algorithme 7), puis nous résolvons chaque problème de placement à deux dimensions en utilisant la méthode GBS (Global Beam Search) avec le paramètre $\beta$ fixé à $un$. Enfin, nous obtenons un problème de sac-à-dos en trois dimensions que nous allons résoudre en utilisant l'algorithme de branch and bound. Le déroulement de la

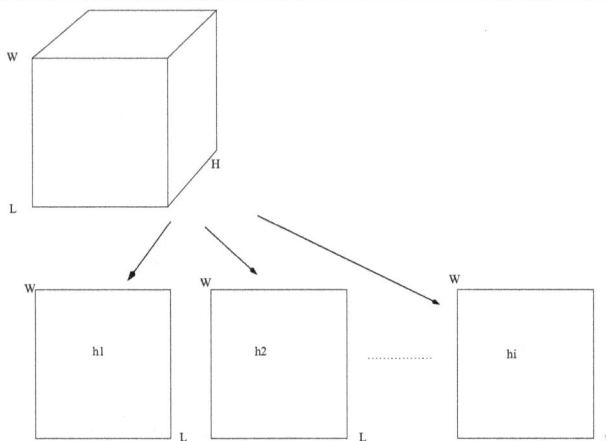

FIG. 6.1 – Réduction de l'instance

méthode est donné par l'algorithme 7.

---

**Algorithme 7** Heuristique-3D

---

1: **Begin**

2: Soit $\rho$ le nombre de profondeurs distinctes.

3: Trier les profondeurs selon un ordre croissant.

4: **Pour** $i = 1$ à $\rho$

5: Créer une instance 2D ne contenant que les objets ayant une profondeur $\leq \bar{h}_i$.

6: $Solution(i)$ = Résolution de l'instance 2D en utilisant GBS.

7: $poids[i] = h_i$.

8: $profits[i] = Solution(i)$.

9: **Fin pour**.

10: Obtenir un problème de sac-à-dos $K_p$ ayant comme capacité la valeur $H$ : profondeur du conteneur, les objets ont un profit "$profits[i]$" et un poids "$poids[i]$".

11:

$$K_p = \left\{ max \sum_{i=1}^{\rho} profits[i] \times x_i \,\middle|\, \sum_{i=1}^{\rho} poids[i] \times x_i \leq H, x_i \in \{0, 1\}, i = 1, ..., \rho \right\}$$

12: Résoudre le problème de sac-à-dos en utilisant la procédure de branch and bound.

13: Retourner la solution $Z^*$.

14: **End**

---

## 6.4   Heuristique parallèle-3D

Cette section présente une heuristique parallèle qui permet de résoudre le problème de placement en trois dimensions et explique le fonctionnent général de l'algorithme parallèle.

L'analyse du processus de résolution de l'heuristique-3D montre que ce problème contient des problèmes indépendants qui peuvent être traités d'une manière parallèle. Ces problèmes sont les problèmes de placement à deux dimensions. En premier lieu, l'algorithme utilise $\rho + 1$ processeurs. Chaque processeur traite son problème de placement à deux dimensions d'une manière indépendante. Afin de synchroniser la résolution des processeurs, l'algorithme utilise un processeur maître (que nous avons noté "$P_0$"). Le processeur maître, collecte les résultats obtenus par tous les autres processeurs. Lorsque ce dernier récupère les résultats de toutes les constructions réalisées par les processeurs esclaves, il se charge de construire à nouveau un problème de sac-à-dos. L'algorithme parallèle est présenté dans 8.

---

**Algorithme 8** parallèle-3D

---

1: **Begin**
2: Soit $\rho$ le nombre de profondeurs distinctes.
3: Réserver $\rho + 1$ processeurs du même type (cluster).
4: **Pour** $id - processeur = 1$ à $id - processeur = \rho$
5: Créer une instance 2D ne contenant que les objets ayant une profondeur $\leq \bar{h_i}$
6: $Solution(i)$ = Résolution parallèle de l'instance 2D en utilisant GBS.
7: $poids[i] = h_i$
8: $profits[i] = Solution(i)$
9: **Fin pour**.
10: Récolter toutes les informations $(poids[i], profits[i])$ au niveau d'un seul processeur $id - processeur = 0$ ;
11: Obtenir un problème de sac-à-dos (problème 3D) $K_p$ ayant comme capacité la valeur $H$ : profondeur du conteneur, les objets ont un profit "$profits[i]$" et poids "$poids[i]$".
12:

$$K_p = \left\{ max \sum_{i=1}^{\rho} profits[i] \times x_i \,\middle|\, \sum_{i=1}^{\rho} poids[i] \times x_i \leq H, x_i \in \{0, 1\}, i = 1, ..., \rho \right\}$$

13: Résoudre le problème de sac-à-dos par le processeur $P_0$ en utilisant l'algorithme de branch and bound.
14: Retourner la solution $Z^*$.
15: **End**

---

## 6.5  Algorithme parallèle-permut-3D

Cette section présente une heuristique parallèle "parallèle-permut-3D " qui prend en considération toutes les permutations possibles des objets et permet de résoudre le problème de placement en trois dimensions.

L'algorithme prend en considération toutes les permutations possibles des objets. Nous avons lancé l'heuristique "parallèle-3D" sur chacune des permutations suivantes : $P_{(L,W,H)}, P_{(L,H,W)}, P_{(W,H,L)}, P_{(W,L,H)}, P_{(H,W,L)}, P_{(H,L,W)}$, où chaque permutation représente les dimensions du conteneur. Le sous-ensemble d'objets à charger dans les conteneurs sont permutés de la même manière. Le déroulement de la méthode est présenté par l'algorithme 9.

---

**Algorithme 9** parallèle-permut-3D

---
1: **Begin**
2: Soient $P_1, P_2, P_3, P_4, P_5, P_6$ les 6 permutations du conteneur à charger ;
3: Allouer un processeur pour chacune des permutation ;
4: Chaque processeur fait Appel à l'heuristique "parallèle-3D" ;
5: Retour de la solution par chacun des processeurs ;
6: La solution finale est la meilleure des solutions renvoyées par les différentes permutations ;
7: **End.**

---

## 6.6  Résultats expérimentaux

Dans cette section, nous présentons une étude expérimentale des trois algorithmes proposés. Notre objectif est de montrer l'impact du parallélisme sur le temps de résolution et les qualités des solutions réalisables obtenues.

Nous avons implémenté les trois algorithmes (séquentiel et parallèle) en C et nous avons utilisé la bibliothèque MPI (Message Passing Interface) pour intégrer les communications dans la version parallèle. Les algorithmes parallèles sont lancés sous la plate forme Grid'5000. Tous les résultats ont été collecté à partir de cette plate-forme.

Afin d'évaluer les performances des méthodes parallèles et celles de la méthode séquentielle, nous utilisons 12 instances non pondérées ($\forall i \in I, c_i = l_i \times w_i \times h_i$). Les détails de ces instances sont représentés dans la table 6.1. Ce tableau donne la dimension du conteneur initial $(L, W, H)$ et le nombre de types d'objets de chaque instance $n$.

| Instance | L | W | H | n |
|----------|-----|-----|-----|-----|
| Instance1 | 25 | 45 | 33 | 5 |
| Instance2 | 30 | 55 | 65 | 9 |
| Instance3 | 59 | 65 | 33 | 8 |
| Instnace4 | 75 | 76 | 81 | 12 |
| Instance5 | 128 | 97 | 96 | 5 |
| Instance6 | 145 | 150 | 147 | 30 |
| Instance7 | 318 | 473 | 385 | 10 |
| Instnace8 | 100 | 156 | 137 | 20 |
| Instance9 | 135 | 133 | 127 | 20 |
| Instance10 | 126 | 112 | 125 | 10 |
| Instance11 | 135 | 133 | 127 | 25 |
| Instance12 | 115 | 135 | 123 | 10 |

TAB. 6.1 – Détails des instances

Dans la table 6.2, nous reportons les résultats de la première méthode parallèle et la méthode séquentielle. La deuxième colonne montre le nombre de profondeurs $\rho$ distinctes que contient l'instance, la troisième colonne correspond aux solutions obtenues par l'algorithme séquentiel et parallèle, la quatrième et cinquième colonne correspondent au temps de résolution séquentiel et au temps de résolution parallèle (respectivement) en utilisant un nombre de processeurs parallèles variant entre 3 et $\rho + 1$. Dans toutes nos expériences, nous avons limité le temps de résolution à 9000 secondes.

| | $\rho$ | Solution | CPU(s)$_{seq}$ | CPU(s)$_{parallel}$ |
|----------|-----|----------|---------|----------|
| Instance1 | 3 | 28488 | 10 | 0.3 |
| Instance2 | 8 | 89574 | 0,19 | 0.13 |
| Instance3 | 8 | 110636 | 2,06 | 1.61 |
| Instance4 | 10 | 399685 | 900 | 12 |
| Instance5 | 4 | 1090818 | 75 | 5 |
| Instance6 | 21 | 3056512 | 1176.11 | 789,65 |
| Instance7 | 10 | 48452596 | 80 | 15 |
| Instance8 | 10 | 2018169 | 34,14 | 12 |
| Instance9 | 15 | 2050195 | 78.68 | 43 |
| Instance10 | 8 | 1593986 | 194.76 | 87 |
| Instance11 | 17 | 2050195 | 109.64 | 53 |
| Instance12 | 8 | 1760387 | 416.44 | 120.3 |
| CPU-moyen | | | 256,41 | 94,91 |

TAB. 6.2 – Performance de la méthode parallèle

À partir du tableau 6.2, nous pouvons remarquer que :
• Les deux méthodes fournissent la même solution.

- Le temps de résolution moyen de la méthode parallèle est de $94,91$ secondes. Ce temps est inférieur au temps de résolution moyen fourni par la méthode séquentielle ($256,41$ secondes). La méthode parallèle réalise une amélioration moyenne de $62,98\%$ du temps de résolution.
- Lorsque le nombre de profondeurs $\rho$ augmente, le temps de résolution augmente dans les deux cas.
- Le facteur d'accélération de la méthode parallèle est égal à 2.70 et l'efficacité vaut 12%.

À partir des résultats, nous pouvons constater que :

1. La qualité des solutions produites par les deux méthodes sont identiques. Cela est normale, car le processus de résolution est le même dans les deux méthodes. Mais cela montre également, que la parallélisation n'a pas altéré les processus de sélection et de filtrage de la méthode GBS.

2. Le temps de résolution augmente lorsque le nombre de profondeurs $\rho$ augmente, ce qui est normal, car nous traitons plus de tâches ce qui consomme plus de temps de calcul.

3. Le temps de résolution est diminué de 62.98%.

4. Les indices de performances indiquent que la méthode parallèle améliore la méthode séquentielle en termes de temps de résolution.

5. Les résultats montrent que l'utilisation de la bibliothèque MPI au sein d'un même cluster garantit de bonnes performances.

Dans la table 6.3, nous présentons les résultats de la méthode parallèle "parallèle-permut-3D". Les colonnes 2, 3, 4, 5, 6 et 7 correspondent aux différentes solutions obtenues par chacune des permutations, la colonne 8 correspond à la meilleure solution fournie par les différentes permutations. La dernière colonne correspond au temps de résolution utilisé par l'algorithme parallèle.

À partir du tableau 6.3, nous pouvons remarquer que :

- Pour chaque instance, la méthode parallèle fournit différentes solutions pour la plupart des permutations.
- Le temps de résolution moyen fourni par la méthode parallèle (2091 secondes) est supérieur au temps de résolution moyen fourni par la méthode parallèle présentée dans la table 6.2 (94,91).
- La $solution_{max}$ obtenue pour chacune des instantes est supérieure ou égale à la solution obtenue par la méthode présentée dans la table 6.2.
- L'instance 6 et l'instance 7 ne fournissent pas une solution pour certaines permutations. La méthode dépasse le temps limite fixé au départ.

Suite aux résultats précédents, nous pouvons constater que :

| Permutation | $P_{(L,W,H)}$ | $P_{(L,H,W)}$ | $P_{(W,H,L)}$ | $P_{(W,L,H)}$ | $P_{(H,W,L)}$ | $P_{(H,L,W)}$ | $Solution_{max}$ | CPU(s) |
|---|---|---|---|---|---|---|---|---|
| Instance1 | 28488 | 19653 | 33273 | 19351 | 33273 | 19653 | 33273 | 67.34 |
| Instance2 | 89574 | 91407 | 92709 | 92194 | 94305 | 92133 | 94305 | 8.88 |
| Instance3 | 110636 | 106007 | 109505 | 110772 | 108352 | 108352 | 110772 | 1.02 |
| Instance4 | 399685 | 403324 | 409582 | 400781 | 421016 | 419410 | 421016 | 1.52 |
| Instance5 | 1090818 | 966630 | 628839 | 1076556 | 658134 | 9523681 | 1090818 | 0.87 |
| Instance6 | 3056512 | 3041725 | 297369 | o | o | 3021936 | 3056512 | o |
| Instance7 | 48452596 | 49898880 | 9556820 | o | o | 50658096 | 50658096 | o |
| Instance8 | 2018169 | 1959770 | 1828889 | 2035092 | 1793025 | 1911533 | 2035092 | 57 |
| Instance9 | 2050195 | 2147008 | 2129855 | 2070640 | 2112546 | 2141511 | 2147008 | 1087 |
| Instance10 | 1593986 | 1611689 | 1598919 | 1612656 | 1566281 | 1606553 | 1612656 | 2836 |
| Instance11 | 2050195 | 2137295 | 2129855 | 2070640 | 2124386 | 2142172 | 2142172 | 1251 |
| Instance12 | 1760387 | 1710888 | 1731199 | 1741928 | 1794844 | 1712243 | 1794844 | 1800 |
| CPU-moyen | | | | | | | | 2091 |

TAB. 6.3 – Performance de la l'algorithme parallèle
o     Indique que la méthode atteint le temps de résolution limite.

1. Les solutions produites par la méthode parallèle notée "parallèle-permut-3D"
   sont meilleures que les solutions obtenues par la méthode "parallèle-3D". Car, le
   nombre de permutations correspond à six problèmes de chargements différents,
   dont le problème de chargement initial est de dimension $(L, W, H)$. Cette remarque vient du fait que nous traitons plus de problèmes de chargement, qui nous
   permet d'avoir plus de chances de tomber sur une meilleure solution.
2. Le temps de résolution est supérieur dans le deuxième algorithme parallèle, car
   nous résolvons en parallèle plus de problèmes de chargement en trois dimensions, dans le premier algorithme parallèle, nous résolvons un seul problème de
   chargement correspondant à la permutation $P_{(L,W,H)}$ .
3. L'instance6 et l'instance7 ne fournissent pas de solution pour les permutations
   $P_{(W,L,H)}$ et $P_{(H,W,L)}$, car elles nécessitent plus que 9000 secondes (temps d'exécution limite).

## 6.7   Conclusion

Dans ce chapitre, nous avons proposé une méthode de résolution approchée séquentielle et une méthode parallèle pour résoudre le problème de placement en trois dimensions, nous avons utilisé le même principe de résolution pour chacune des deux
méthodes. Enfin nous avons proposé un autre algorithme parallèle prenant en considération toutes les permutations possibles du conteneur.
La première heuristique séquentielle s'appuie sur le traitement du problème de placement en trois dimensions en une série de problèmes de placement à deux dimensions.
Elle réduit l'instance initiale en une série d'instances à deux dimensions, ensuite elle

résout ces problèmes en utilisant la méthode GBS. La seconde heuristique intègre une approche parallèle ; elle suit le même processus que la méthode séquentielle : elle résout les problèmes de placement à deux dimensions indépendamment en utilisant un processeur pour chacun des problèmes de placement à deux dimensions. Le troisième algorithme parallèle résout en parallèle six problèmes de chargement en trois dimensions, ces problèmes correspondent aux différentes permutations du conteneur et des objets à placer dans ce dernier, chacune des permutations (problème) est résolue en appelant la première heuristique parallèle. Nous avons utilisé la plate forme Grid'5000 pour les traitements parallèles et nous avons utilisé un ensemble d'instances générées aléatoirement. Les résultats expérimentaux montrent que la première méthode parallèle améliore le temps de résolution moyen obtenu par la version séquentielle ; elle fournit des solutions dans un temps de résolution très raisonnable, les résultats montrent aussi que la deuxième méthode parallèle améliore la solution pour la majorité des instances.

# CHAPITRE 7

# Conclusion générale et perspectives

Dans cette thèse, nous avons étudié le problème du découpe guillotine à deux dimensions et le problème de chargement. Notre étude s'est focalisée autour de deux différentes approches de résolution séquentielle et parallèle.

Dans un premier temps, nous nous sommes intéressés à la résolution approchée du problème de découpe, en se basant sur un processus de résolution hybride. Nous avons proposé deux heuristiques : *GLBS* et *H-Cut*, puis nous avons expliqué l'hybridation de ces deux dernières. La première heuristique s'appuie sur un processus de recherche par faisceau et une procédure de génération de bandes SGA. Cette heuristique est basée sur le même principe que la méthode GBS proposée par Hifi et al (voir [53]). L'analyse de GBS montre que la qualité de la solution s'améliore avec la largeur du faisceau "$\beta$", mais le temps de calcul devient très coûteux quand $\beta$ dépasse un certain seuil. Afin de minimiser le temps de résolution, nous avons apporté des modifications à cette méthode, nous avons introduit deux nouveaux paramètres ($LMAX, PMAX$) permettant de réduire l'espace de recherche en limitant la profondeur et la largeur de l'arbre de recherche. Cette heuristique agit sur un sous-rectangle $(L, \psi)$), une partie du rectangle initial $R(L, W)$. La seconde heuristique vise à améliorer la solution obtenue par la méthode *GLBS*. Elle consiste à utiliser les pièces restantes de l'heuristique *GLBS* afin de remplir le sous-rectangle complémentaire $(L, W - \psi)$, elle s'appuie principalement sur l'utilisation de l'algorithme de branch and bound et une procédure de construction de bandes. L'hybridation de ces deux heuristiques est basée sur leurs combinaison, la solution hybride finale représente la somme des solutions obtenues pour chacune des deux heuristiques précédentes. Enfin, l'étude expérimentale que nous avons mené, montre que la méthode hybride améliore les résultats obtenus par les méthodes GBS, CGBS et le solveur Cplex pour la majorité des instances.

Dans un deuxième temps, nous avons résolu le problème de découpe en utilisant un algorithme parallèle pair-à-pair. Cet algorithme présente une version parallèle de l'algorithme CGBS proposé dans [34].
L'algorithme parallèle pair à pair explore en parallèle, un ensemble de nœuds élites sélectionnés suivant la stratégie de recherche meilleur d'abord. Cet algorithme utilise des mécanismes de sauvegardes afin de préserver les meilleures solutions trouvées et des mécanismes de gestions de pannes, dues aux déconnexions des processeurs pairs. Les résultats expérimentaux montrent que l'algorithme parallèle améliore les

résultats obtenus par la version séquentielle CGBS et autres algorithmes existants pour un ensemble d'instances extra-large. Il améliore la solution connue pour de nombreuses instances et atteint la solution optimale pour d'autres. Ces résultats montrent également que la fréquence de (connexion-déconnexion) d'un processeur dans la plateforme P2PDC influe sur les performances de l'algorithme P2PCGBS.

Nous avons traité, également le problème de chargement, nous avons proposé une méthode approchée séquentielle et deux méthodes approchées parallèles pour le résoudre. Les trois méthodes utilisent le même processus de résolution. La première heuristique séquentielle s'appuie sur le traitement du problème de placement en trois dimensions comme une série de problèmes de placement à deux dimensions, elle réduit l'instance initiale en une série d'instances à deux dimensions, ensuite elle résout ces problèmes en utilisant la méthode GBS (Globale Beam Search). La seconde heuristique intègre une approche parallèle, elle suit le même processus que la méthode séquentielle. La troisième heuristique prend en considération les différentes permutations du conteneur et résout en parallèle plusieurs problèmes de chargement en trois dimensions, où chaque problème est résolu en utilisant la deuxième heuristique parallèle .

À l'issue de ces travaux, il reste des pistes à explorer pour rendre l'étude encore plus complète. À court terme, il serait intéressant de paralléliser la méthode hybride que nous avons proposé. Le but est de pouvoir considérer plus de nœuds dans le processus de génération de nœuds et ainsi élargir le domaine de recherche des solutions.
Il serait intéressant également d'enrichir la méthode de résolution parallèle du problème de chargement. Une première piste consisterait à intégrer les communications des bornes supérieures et les solutions réalisables entre les processeurs afin de réduire l'espace de recherche.

Parmi les perspectives à long terme, nous projetons d'utiliser d'autres approches parallèles, en se basant sur les architectures à mémoire partagée pour résoudre les mêmes méthodes parallèles proposées précédemment. Nous envisageons aussi de proposer d'autres méthodes parallèles pour résoudre d'autres problèmes d'optimisation combinatoire.

# Table des figures

# Liste des tableaux

# Bibliographie

[1] A.Bendjoudi, N.Melab, and E.Talbi. A parallel p2p branch-and-bound algorithm for computational grids. In *Proceedings of the Seventh IEEE International Symposium on Cluster Computing and the Grid*, CCGRID '07, pages 749–754, Washington, DC, USA, 2007. IEEE Computer Society. (Cité en page 42.)

[2] A.Bendjoudi, N.Melab, and E.Talbi. P2p design and implementation of a parallel branch and bound algorithm for grids. *Int. J. Grid Util. Comput.*, 1 :159–168, December 2009. (Cité en page 43.)

[3] A.Lodi. Algorithms for two-dimensional bin packing and assignment problems. *Doktorarbeit, DEIS, Universita di Bologna*, 1999. (Cité en page 28.)

[4] A.Lodi and M.Monaci. Integer linear programming models for 2-staged two-dimensional knapsack problems. *Math. Program.*, 94(2-3) :257–278, 2003. (Cité en pages 17, 28, 29 et 80.)

[5] ANR-CIP. http ://spiderman-2.laas.fr/cis-cip. (Cité en pages 2 et 39.)

[6] K. Anstreicher, N. Brixius, J.P. Goux, and J. Linderoth. Solving large quadratic assignment problems on computational grids. *Mathematical Programming*, 91(3) :563–588, 2002. (Cité en page 43.)

[7] A.P.French, A.C.Robinson, and J.M.Wilson. Using a hybrid genetic-algorithm/branch and bound approach to solve feasibility and optimization integer programming problems. *Journal of Heuristics*, 7 :551–564, November 2001. (Cité en page 39.)

[8] A.Sbihi. *Les Méthodes Hybrides en Optimisation Combinatoire :Algorithmes Exacts et Heuristiques*. These, Université Panthéon-Sorbonne - Paris I, December 2003. (Cité en page 46.)

[9] D.El Baz and N.The Tung. A self-adaptive communication protocol with application to high performance peer to peer distributed computing. In *Proceedings of the 2010 18th Euromicro Conference on Parallel, Distributed and Network-based Processing*, PDP '10, pages 327–333, Washington, DC, USA, 2010. IEEE Computer Society. (Cité en page 39.)

[10] B.Gendron and T.G.Crainic. Parallel branch-and-bound algorithms : Survey and synthesis. *Operations Research*, 42(6) :pp. 1042–1066, 1994. (Cité en page 42.)

[11] E.E. Bischoff and M.D. Marriott. A comparative evaluation of heuristics for container loading. *European Journal of Operational Research*, 44(2) :267–276, January 1990. (Cité en page 87.)

[12] C.C.Ribeiro. and N.Maculan. *Applications of combinatorial optimization*. Annals of operations research. J.C. Baltzer, 1994. (Cité en page 1.)

[13] C.Gagne, M.Parizeau, and M.Dubreuil. The master-slave architecture for evolutionary computations revisited. In *Genetic and Evolutionary Computation - GECCO-2003, volume 2724 of LNCS*, pages 1578–1579. Springer-Verlag, 2003. (Cité en page 35.)

[14] C.H.Papadimitriou. and K.Steiglitz. *Combinatorial optimization : algorithms and complexity*. Prentice Hall, 1982. (Cité en page 1.)

[15] R. Van Dantzig, M. Livny, J. Pruyne, D. H. J. Epema, D. H. J. Epema, M. Livny, M. Livny, X. Evers, and X. Evers. A worldwide flock of condors : load sharing among workstation clusters, 1996. (Cité en page 35.)

[16] D.Caromel, A.di Costanzo, L.Baduel, and S.Matsuoka. Grid'bnb : a parallel branch and bound framework for grids. In *Proceedings of the 14th international conference on High performance computing*, HiPC'07, pages 566–579, Berlin, Heidelberg, 2007. Springer-Verlag. (Cité en page 43.)

[17] D.Caromel and M.Leyton. Euro-par 2008 workshops - parallel processing. chapter ProActive Parallel Suite : From Active Objects-Skeletons-Components to Environment and Deployment, pages 423–437. Springer-Verlag, Berlin, Heidelberg, 2009. (Cité en page 43.)

[18] Gnutella Protocol Development. http ://rfc-gnutella.sourceforge.net. (Cité en page 37.)

[19] D.Fayard. and G.Plateau. An algorithm for the solution of the 0–1 knapsack problem. *Computing*, 28 :269–287, 1982. 10.1007/BF02241754. (Cité en page 9.)

[20] D.Harald. A typology of cutting and packing problems. *European Journal of Operational Research*, 44(2) :145–159, January 1990. (Cité en pages 10 et 16.)

[21] D.Pisinger. An exact algorithm for large multiple knapsack problems. *European Journal of Operational Research*, 114 :528–541, 1999. (Cité en page 9.)

[22] D.Pisinger. Heuristics for the container loading problem. *European Journal of Operational Research*, 141(2) :382–392, 2002. (Cité en page 87.)

[23] D.Thain and M.Livny. Building reliable clients and servers. In Ian Foster and Carl Kesselman, editors, *The Grid : Blueprint for a New Computing Infrastructure*. Morgan Kaufmann, 2003. (Cité en page 38.)

[24] E.G.Talbi. A taxonomy of hybrid metaheuristics. *Journal of Heuristics*, 8 :541–564, September 2002. (Cité en page 1.)

[25] E.Horowitz and S.Sahni. Computing partitions with applications to the knapsack problem. *Journal of the ACM (JACM)*, 21(2) :277–292, 1974. (Cité en page 9.)

[26] J.Hemminki. Institute for Applied Mathematics. *Container loading with variable strategies in each layer*. University of Turku, 1994. (Cité en page 87.)

[27] G.B.Dantzig. Discrete-variable extremum problems. *Operations Research*, pages 266–277, 1957. (Cité en pages 6 et 8.)

[28] J.A. George and D.F. Robinson. A heuristic for packing boxes into a container. *Computers & OR*, 7(3) :147–156, 1980. (Cité en page 87.)

[29] G.Plateau and M.Elkihel. A hybrid method for the 0-1 knapsack problem. *Methods of operation research*, 49 :277–293, 1985. (Cité en page 46.)

[30] Grid'5000. http ://www.grid5000.fr. (Cité en page 38.)

[31] G.Scheithauer. Algorithms for the container loading problem. In *Operations Research Proceedings 1991, Springer-Verlag*, pages 445–452. Springer-Verlag, 1992. (Cité en page 86.)

[32] N. Haddadou, M. Hifi, and T.Saadi. Résolution approximative hybride du problème de découpe à deux dimensions et à deux niveaux. 13è Congrès de la ROADEF, 2012. (Cité en page 46.)

[33] H.Gehring., K.Menschner., and M.Meyer. A computer-based heuristic for packing pooled shipment containers. *European Journal of Operational Research*, 44(2) :277–288, January 1990. (Cité en pages 86 et 87.)

[34] Mhand Hifi, Toufik Saadi, and Nawel Haddadou. High performance peer-to-peer distributed computing with application to constrained two-dimensional guillotine cutting problem. In *Proceedings of the 2011 19th International Euromicro Conference on Parallel, Distributed and Network-Based Processing*, PDP '11, pages 552–559, Washington, DC, USA, 2011. IEEE Computer Society. (Cité en page 99.)

[35] Matti Hiltunen, , Matti A. Hiltunen, and Richard D. Schlichting. The cactus approach to building configurable middleware services. In *in Proceedings of the Workshop on Dependable System Middleware and Group Communication (DSMGC 2000*, 2000. (Cité en page 39.)

[36] J.E.Beasley. Algorithms for unconstrained Two-Dimensional guillotine cutting. *The Journal of the Operational Research Society*, 36(4) :297–306, 1985. (Cité en page 17.)

[37] K.Aida and T.Osumi. A case study in running a parallel branch and bound application on the grid. In *Proceedings of the The 2005 Symposium on Applications and the Internet*, pages 164–173, Washington, DC, USA, 2005. IEEE Computer Society. (Cité en pages 42 et 43.)

[38] KaZaA. http ://www.kazaa.com. (Cité en page 37.)

[39] H. Kellerer., U.Pferschy., and D. Pisinger. *Knapsack Problems*. Springer, 2004. (Cité en page 6.)

[40] K.Viswanathan and A.Bagchi. Best-first search methods for constrained two-dimensional cutting stock problems. *Operations Research*, pages 768–776, 1993. (Cité en pages 17 et 25.)

[41] K.Young. Look no server (peer-to-peer networks). *Network*, pages 21–2, 1993. (Cité en page 35.)

[42] L.Keqin. Job scheduling and processor allocation for grid computing on meta-computers. *J. Parallel Distrib. Comput.*, 65 :1406–1418, November 2005. (Cité en page 42.)

[43] L.V.Kantorovich. Mathematical methods of organizing and planning production. *Management Science*, 6(4) :366–422, July 1960. (Cité en page 10.)

[44] M.Ana and O.Jose Fernando. A grasp approach to the container-loading problem. *IEEE Intelligent Systems*, 20 :50–57, July 2005. (Cité en page 86.)

[45] M.Djamaï, B.Derbel, and N.Melab. Distributed b&b : A pure peer-to-peer approach. In *IPDPS Workshops*, pages 1788–1797, 2011. (Cité en page 43.)

[46] M.Hifi. An improvement of viswanathan and bagchi's exact algorithm for constrained two-dimensional cutting stock. *Comput. Oper. Res.*, 24 :727–736, August 1997. (Cité en page 17.)

[47] M.Hifi. Exact algorithms for Large-Scale unconstrained two and three staged cutting problems. *Computational Optimization and Applications*, 18(1) :63–88, January 2001. (Cité en page 17.)

[48] M.Hifi. Approximate algorithms for the container loading problem. *International Transactions in Operational Research*, 9(6) :747–774, November 2002. (Cité en page 87.)

[49] M.Hifi and C.Roucairol. Approximate and exact algorithms for constrained (un) weighted two-dimensional two-staged cutting stock problems. *Journal of Combinatorial Optimization*, 5(4) :465–494, December 2001. (Cité en pages 17, 18 et 28.)

[50] M.Hifi, I.Kacem, S.Nègre, and L.Wu. A linear programming approach for the three-dimensional bin-packing problem. *Electronic Notes in Discrete Mathematics*, 36 :993–1000, 2010. (Cité en page 86.)

[51] M.Hifi. and R.M'Hallah. An exact algorithm for constrained two-dimensional two-staged cutting problems. *Operations research*, pages 140–150, 2005. (Cité en page 27.)

[52] M.Hifi. and R.M'Hallah. Strip generation algorithms for constrained two-dimensional two-staged cutting problems. *European journal of operational research*, 172(2) :515–527, 2006. (Cité en pages 18, 22, 51, 52 et 80.)

[53] M.Hifi, R.M'Hallah, and T.Saadi. Algorithms for the constrained two-staged two-dimensional cutting problem. *INFORMS J. on Computing*, 20 :212–221, April 2008. (Cité en pages 18, 24, 47, 49, 52, 70, 71, 73, 80 et 99.)

[54] M.Hifi and T.Saadi. A cooperative algorithm for constrained two-staged two-dimensional cutting problems. *International Journal of Operational Research*, 9(1) :104–124, 2010. (Cité en pages 24, 70 et 73.)

[55] M.Hifi and T.Saadi. A parallel algorithm for two-staged two-dimensional fixed-orientation cutting problems. *Computational Optimization and Applications*, 51 :783–807, 2012. 10.1007/s10589-010-9351-5. (Cité en page 43.)

[56] S. Milojicic, V.Kalogeraki, R.Lukose, K.Nagaraja, J.Pruyne, B.Richard, S.Rollins, and Z.Xu. Peer-to-peer computing. Technical report, 2003. (Cité en page 36.)

[57] M.J.Flynn. Some computer organizations and their effectiveness. *IEEE Trans. Comput.*, 21 :948–960, September 1972. (Cité en page 32.)

[58] N.Cherfi. *Méthodes de résolution hybrides pour les problème de type knapsack.* These, Université Panthéon-Sorbonne - Paris I, November 2008. (Cité en page 46.)

[59] N.Haddadou, M. Hifi, and T.Saadi. Une méthode parallèle pour la résolution du knapsack en trois dimensions. 12è Congrès de la ROADEF, 2011. (Cité en page 86.)

[60] P.C.Gilmore and R.E.Gomory. A linear programming approach to the Cutting-Stock problem. *Operations Research*, 9(6) :849–859, 1961. (Cité en pages 13 et 17.)

[61] P.C.Gilmore and R.E.Gomory. Multistage cutting stock problems of two and more dimensions. *Operations Research*, 13(1) :94–120, 1965. (Cité en pages 15, 16, 17 et 87.)

[62] P.C.Gilmore and R.Gomory. The theory and computation of knapsack functions. *Operations Research*, pages 1045–1074, 1966. (Cité en page 26.)

[63] P.S.Ow and T.E.Morton. Filtered beam search in scheduling†. *International Journal of Production Research*, 26 :35–62, 1988. (Cité en page 22.)

[64] R.Alvarez-Valdes., R.Martí., J.M.Tamarit., and A.Parajon. Grasp and path relinking for the two-dimensional two-stage cutting-stock problem. *INFORMS Journal on Computing*, 19(2) :261–272, 2008. (Cité en pages 18, 19, 46 et 80.)

[65] R.Morabito. The cutting stock problem in a hardboard industry : a case study. *Computers & Operations Research*, 25(6) :469–485, June 1998. (Cité en page 17.)

[66] SETI@home. http ://setiathome.berkeley.edu/. (Cité en page 36.)

[67] S.Martello and P.Toth. *Knapsack problems : algorithms and computer implementations.* Wiley-Interscience series in discrete mathematics and optimization. J. Wiley & Sons, 1990. (Cité en pages 6 et 7.)

[68] S.Simon. Peer-to-peer network management in an ibm sna network. *Network, IEEE*, 5(2) :30–34, 1991. (Cité en page 35.)

[69] T.A.Feo. and M.G.C.Resende. Greedy randomized adaptive search procedures. *Journal of Global Optimization*, 6(2) :109–133, 1995. (Cité en page 19.)

[70] T.Saadi. *Résolution séquentielles et parallèles des problèmes de découpe / placement.* These, Université Panthéon-Sorbonne - Paris I, November 2008. (Cité en pages 18, 22, 28, 42, 70, 87 et 89.)

[71] T.T.Nguyen, D.El Baz, P.Spiteri, G.Jourjon, and M.Chau. High performance peer-to-peer distributed computing with application to obstacle problem. In *IPDPSW'10 : IEEE International Symposium on Parallel Distributed Processing, Workshops and Phd Forum*, pages 1–8, 2010. (Cité en pages 39 et 80.)

[72] N. The Tung. *Un environnement pour le calcul intensif pair à pair*. These, Institut National Polytechnique de Toulouse, November 2011. (Cité en page 36.)

[73] W.Gropp., E.Lusk., N.Doss., and A.Skjellum. A high-performance, portable implementation of the mpi message passing interface standard. *Parallel computing*, 22(6) :789–828, 1996. (Cité en page 42.)

[74] Z.Bing-Hai, X.Li-Feng, and C.Yong-Shang. A beam-search-based algorithm for the tool switching problem on a flexible machine. *The International Journal of Advanced Manufacturing Technology*, 25 :876–882, 2005. 10.1007/s00170-003-1925-2. (Cité en page 22.)